高等学校创新型实验教材

高等学校化工类“十三五”规划教材

化学工程与工艺专业实验

HUAXUEGONGCHENG YU GONGYI ZHUANYE SHIYAN

阳鹏飞 主编

侯三英 伍智林 副主编

化学工业出版社

·北京·

内容简介

《化学工程与工艺专业实验》是根据应用型本科人才培养目标编写的化工专业实验教材。全书共分7章，内容有化工实验安全知识、实验数据处理与评价、化工热力学实验、化学反应工程实验、化学分离工程实验、精细化工工艺学实验、化学化工创新性实验。本书既包括通常化工专业实验内容，还根据培养学生实践能力和创新能力的需要，增加了化学化工创新性实验。

本书可作高等学校化学工程与工艺专业的实验教材，也可作化工与制药类以及无机非金属材料专业等的参考教材使用，还可供从事化工专业研究、科技开发、管理和生产的有关人员参考。

图书在版编目（CIP）数据

化学工程与工艺专业实验/阳鹏飞主编. —北京：化学工业出版社，2020.10

高等学校创新型实验教材　高等学校化工类“十三五”规划教材

ISBN 978-7-122-37916-0

Ⅰ.①化…　Ⅱ.①阳…　Ⅲ.①化学工程-化学实验-高等学校-教材　Ⅳ.①TQ016

中国版本图书馆CIP数据核字（2020）第198802号

责任编辑：朱　理　杨　菁　闫　敏　　文字编辑：向　东
责任校对：王鹏飞　　装帧设计：张　辉

出版发行：化学工业出版社（北京市东城区青年湖南街13号　邮政编码100011）
印　　装：涿州市般润文化传播有限公司
787mm×1092mm　1/16　印张 $10\frac{3}{4}$　字数266千字　2020年10月北京第1版第1次印刷

购书咨询：010-64518888　　售后服务：010-64518899
网　　址：http：//www.cip.com.cn
凡购买本书，如有缺损质量问题，本社销售中心负责调换。

定　　价：36.00元

前　言

随着国民经济的高速发展，社会对化工类专业毕业生的要求也越来越高。化工类专业毕业生应当具备专业基础知识扎实、实践能力强、职业化综合技能全面的素质，才能符合社会对化工类人才的要求。

化工专业的传统实验教材往往依附于某一门课程的理论教学内容，并以验证型实验为主。为了更好地适应新形势下化学工程与工艺专业的实验教学，根据教育部工程教育化学工程与工艺专业认证的要求，进一步深化化学工程与工艺专业实验教学改革，积极开展实验教学内容、方法、手段及实验教学模式的改革与创新，提高设计性、综合性与创新性实验比例；也为了培养学生的实践能力和创新能力，并满足各高校学生参加大学生课外化学化工类创新作品竞赛的需要，我们编写了这本《化学工程与工艺专业实验》。

化学工程与工艺专业实验以化工热力学、化学反应工程、化学分离工程、精细化工工艺学等化学工程与工艺的专业课为理论基础，与化工原理实验、毕业设计（论文）等形成完整的工程实验实践教学环节。《化学工程与工艺专业实验》内容共分 7 章，包括化工实验安全知识、实验数据处理与评价、化工热力学实验、化学反应工程实验、化学分离工程实验、精细化工工艺学实验、化学化工创新性实验。本书具有以下特点：

(1) 实验教学内容从实验室安全教育、实验数据处理到专业实验，再到研究与创新实验，体现了知识掌握由浅入深、能力培养由低到高、思维训练由简单到复杂的逻辑递进性。

(2) 突出了实用性和先进性，具有巩固性、启发性、探索性、研究性和创新性。

(3) 体现专业科研新方向，拓宽学生的知识面。

本书由阳鹏飞组织编写并担任主编，由侯三英、伍智林担任副主编。第 1、3、4 章由阳鹏飞编写，第 2、6 章由侯三英编写，第 5、7 章由伍智林编写；尹纳、艾勇参加了部分内容的编写。

由于水平有限，书中难免有不足之处，敬请读者批评指正。

编　者

目 录

第1章　化工实验安全知识

1.1　化工实验的危险性

化工实验危险性的主要来源有以下几个方面。

① 化学品的危险性：实验使用的大多数物质属于易燃、易爆、有毒、有害或者具有腐蚀性的物质。

② 化学反应的危险性：不同的化学反应，其危险性也呈现不同的水平。一般情况下，中和反应、复分解反应、酯化反应危险性较低，操作较易控制；氧化反应、还原反应、硝化反应等危险性较高，存在发生火灾和爆炸的危险，操作稍有不慎就将引发严重安全事故。

③ 操作过程的危险性：一些综合性实验往往工艺复杂、操作变量多，又存在高温、高压等苛刻实验条件，实验操作过程的危险性高。如“一氧化碳中温-低温串联变换实验”，该实验装置包含气体钢瓶、原料气净化器、混合器、脱氧槽、反应器、分离器、气相色谱仪等；实验过程包含了气体流量控制与检测、反应器温度控制与检测、压力检测、气体样品含量分析等环节；操作参数高度依赖测控仪表和自控系统，因此，不确定因素多，实验过程存在较高的操作风险。

1.2　化工实验室安全知识

1.2.1　安全用电

① 在实验之前须熟悉室内总电闸与分电闸的位置，以便一旦出现用电事故时能及时切断电源。

② 带金属外壳的电器设备都应作接零保护，定期检查是否连接良好。

③ 电器设备维修时必须停电作业。

④ 导线的接头应紧密牢固，裸露的接头部分必须用绝缘胶布包好。

⑤ 所有电器设备在带电时必须保持干燥状态，不能用湿布擦拭。

⑥ 电源或电器设备上的保险丝或保险管，都应按规定电流标准使用。

⑦ 电热设备不能直接放在易燃实验台上使用，以防起火。

⑧ 停电情况发生时，必须切断所有的电闸。

⑨ 合上电闸时如发生保险丝熔断，应立刻拉开电闸并检查带电设备是否有问题，切忌未检查便换上保险丝或保险管就再次合闸，以免造成设备损坏。

1.2.2 易燃易爆物品的安全使用

易燃液体和易燃气体在空气中的含量达到一定浓度时，就能与空气构成爆炸性混合气体。这种混合气体遇到明火就发生闪燃爆炸。

任何一种可燃气体在空气中构成爆炸性混合气体时，该气体所占的最少体积百分比称为爆炸下限，该气体所占的最大体积百分比称为爆炸上限。在下限与上限之间，遇见明火就会发生爆炸。体积比超过上限爆炸范围，遇见明火会发生燃烧，但不会爆炸。例如，甲苯蒸气在空气中的浓度为1.2%～7.1%时就构成爆炸性混合气体，在这个浓度范围遇明火（火红的热表面、火花等各种火源）即发生爆炸，低于1.2%或高于7.1%时都不会发生爆炸。构成爆炸应具备两个条件：①可燃物在空气中的浓度在爆炸限度范围内；②有明火存在。故防止爆炸的方法就是不使浓度进入爆炸极限以内或禁止明火。在使用具有爆炸性的混合气体时应倍加重视。但若能严格认真地按安全规程操作，是不会有危险的。

实验室内不能存放大量易燃易爆药品，该类物品应根据实验的需用量按照规定数量领取。实验室应严禁明火，远离热源，避免日光直射。有条件的实验室应设专用储放室或存放柜。

实验室应制定出安全操作规程，在使用易燃易爆物品时按规程操作。如使用可燃气体时，必须在系统中进行氮气吹扫，同时还必须保证装置不漏气。实验室要禁止在室内使用明火和敞开式的电热设备，并保持良好通风，也不能让室内有产生火花的条件存在。此外应注意某些剧烈的放热反应操作，避免引起自燃或爆炸。

1.2.3 毒性药品的安全使用

根据毒性药品的毒害程度分为剧毒药品和有毒药品，使用这些药品时应十分小心，以防止中毒。实验室应有专人管理毒性药品，建立保存与使用档案。在使用毒性药品时，中毒途径有误服或吸入或皮肤被污染等。必须严禁在实验室食用食物，避免误服毒性药品。汞在实验中产生的蒸气有毒，必须及时处理，如发生汞散落在地，先用吸管将汞吸起，然后用硫黄粉覆盖并摩擦，使之与残余的汞发生反应生成硫化汞而消除。许多有机化合物可以通过人体皮肤、呼吸道与消化道逐渐侵入血液系统以至全身各部位，引起各种疾病。如苯对肝和肾脏有害，使红细胞和血小板下降；苯酚对皮肤与黏膜有强烈腐蚀作用；三氯甲烷对肝、肾有特殊毒性；硝基苯、苯胺等可与血红蛋白结合产生中毒症状；联苯胺、2-苯胺、亚硝胺等均属致癌物质，因此操作时要特别注意。

强碱（如氢氧化钾、氢氧化钠等）、强酸（如硫酸、盐酸、硝酸、氢氟酸）对皮肤和衣物都有腐蚀作用，特别是在浓度和温度都较高的情况下，作用更甚。使用时应避免直接接触。强酸、强碱的稀释应在充分搅拌和良好冷却的条件下进行。使用发烟硫酸、硝酸等应在通风橱中进行，并戴好防护眼镜和橡皮手套。有腐蚀性或毒性气体产生的实验，应在通风橱中进行，产生的气体需要用吸收装置吸收。

具有污染性质的化学药品不能与一般化学试剂放在一起。有污染性物质的操作必须在规定的防护装置内进行。

实验室内防毒防污染常采用防毒面具、防护罩及其他防毒防污染工具，可根据具体情况选择使用。

1.2.4 压缩气体钢瓶的安全使用

氢、氧、氮等压缩气体最高压力可达 15MPa。若靠近热源或受到日光直晒，瓶内气体受热膨胀，压力迅速上升，当超过钢瓶最大耐压强度时，就会引起钢瓶破裂而发生爆炸。另外，可燃性压缩气体的泄漏形成爆炸性混合气体也会造成危险。如氢气泄漏或含氢尾气排放时，当氢气与空气混合后浓度达到 4.1%～74.2%时，遇明火会发生爆炸。氢气与氧气、氯气与乙炔、氧气与油脂相遇会发生危险事故。为此，压缩气体钢瓶要用不同颜色加以区分，并标明气体名称。标注方法见表 1-1。

表 1-1 压缩气体钢瓶的标注方法

气瓶名称	外表面颜色	字样	字样颜色	横条颜色	阀门出口螺纹
氧气瓶	天蓝	氧	黑		正扣
氢气瓶	深绿	氢	红	红	反扣
氮气瓶	黑	氮	黄	棕	正扣
压缩空气瓶	黑	压缩空气	白		正扣
石油气体瓶	灰	石油气体	红		反扣
氯气瓶	草绿	氯	白	白	正扣
氨气瓶	黄	氨	黑		正扣
丁烯气瓶	红	丁烯	黄	黑	反扣
二氧化碳气瓶	黑	二氧化碳	黄		正扣
乙烯气瓶	紫	乙烯	红		反扣
其他可燃性气瓶	紫	气体名称	白		反扣
其他非可燃性气瓶	红黑	气体名称	黄		正扣

按规定，输送或使用可燃性气体钢瓶时，应戴好钢瓶帽和橡胶安全圈，严防钢瓶摔倒或受到撞击，实验室在使用可燃性气体钢瓶时必须牢靠地固定在架子上、墙上或实验台旁，并与明火距离应在 10m 以上，以免发生意外爆炸事故。在任何情况下都严禁在钢瓶附件或连接管路上黏附油脂等物。氧气钢瓶的阀门和减压阀都不能用可燃性垫片连接，因为在急速的氧气流冲击下可能着火，甚至引起爆炸。

使用压缩气体钢瓶必须连接减压阀或高压调节阀。如果在钢瓶上安装的阀门是截止阀，它不能调节气体的压力和流量，可能因不能控制气体排出量而造成大量气体冲出，从而造成一系列安全事故。

当压缩气体钢瓶使用到瓶内压力为 0.5MPa 时，应停止使用。压力过低会给充气带来不安全因素，当钢瓶内压力与外界大气压力相同时，会造成空气的进入。对危险性气体来说，上述情况在充气时发生的爆炸事故已使人们有许多教训。乙炔钢瓶的剩余压力与室温有关，详见表 1-2。

表 1-2 乙炔钢瓶的剩余压力与室温的关系

室温/℃	<−5	−5～5	5～15	15～25	25～35
剩余压力/MPa	0.05	0.1	0.15	0.2	0.3

1.2.5 实验室消防

实验室内应准备一定数量的消防器材。实验操作人员必须了解消防知识，能熟悉消防器材的存放位置和使用方法，绝不允许将消防器材移作他用。实验室常用的消防器材包括以下几种。

① 灭火沙箱。这种灭火工具只能扑灭局部小规模的火源。对于不能覆盖的大面积火源，因沙量少而作用不大。

② 石棉布、毛毡或湿布。这些器材适于迅速扑灭火源区域不大的火灾，也是扑灭衣服着火的常用方法。其作用是隔绝空气，从而达到灭火目的。

③ 泡沫灭火器。实验室多用手提式泡沫灭火器。它的外壳用薄钢板制成，内有一个玻璃胆，其中盛有硫酸铝，胆外装有碳酸氢钠溶液和发泡剂（甘草精）。灭火液由 50 份硫酸铝和 50 份碳酸氢钠及 5 份甘草精组成。使用时将灭火器倒置，马上发生化学反应生成含 CO_2 的泡沫。此泡沫黏附在燃烧物表面上，形成与空气隔绝的薄层从而达到灭火目的。它适用于扑灭实验室的一般火灾。油类着火在开始时可使用。但不能用于扑灭电线和电器设备火灾，因为泡沫本身是导电的，用来灭火会使人发生触电事故。

$$6NaHCO_3 + Al_2(SO_4)_3 \longrightarrow 3Na_2SO_4 + Al_2O_3 + 3H_2O + 6CO_2$$

④ 四氯化碳灭火器。该灭火器是在钢筒内装有四氯化碳并压入 0.7MPa 的空气，使灭火器充有一定压力。使用时将灭火器倒置，旋开手阀即喷出四氯化碳。四氯化碳是不可燃液体，其蒸气比空气重，能覆盖在燃烧物表面使其与空气隔绝而灭火。它适用于扑灭电器设备的火灾，因四氯化碳是有毒的，所以使用时要站在上风侧。室内灭火后应打开门窗通风一段时间，以免中毒。

⑤ 二氧化碳灭火器。钢筒内装有压缩的二氧化碳。使用时，旋开手阀，二氧化碳就能急剧喷出，使燃烧物与空气隔绝，同时降低空气中的氧含量。当空气中含有 12%～15%的二氧化碳时，燃烧停止。但使用时要注意防止现场人员窒息。

1.3 化工实验常见事故及处理方法

（1）玻璃割伤

如果是大伤口，应立即用绷带扎紧伤口上部，使伤口停止出血，立即送医。如果是轻伤，应及时挤出污血，并用消毒过的镊子取出玻璃碎片，用蒸馏水洗净伤口，涂上碘酒，再用绷带包扎。

（2）酸液或碱液溅入眼中

酸液或碱液溅入眼中应立即用洗眼器使用大量水冲洗。若为碱液，则再用质量分数为 1%的硼酸溶液冲洗，最后用水冲洗。若为酸液，再用质量分数为 1%的碳酸氢钠溶液冲洗，最后用水冲洗。重伤者经初步处理后，立即送医。

（3）溴液溅入眼中

溴液溅入眼中按酸液溅入眼中事故作急救处理后，立即送医。

（4）皮肤被酸、碱或溴液灼伤

被酸液或碱液灼伤时，伤处首先用大量水冲洗。若为碱液灼伤，则再用质量分数为 1%

的醋酸洗，最后用水洗，再涂上凡士林药膏。若为酸液灼伤，再用饱和碳酸氢钠溶液洗，最后用水洗，再涂上凡士林药膏。被溴液灼伤时，伤处立刻用石油醚冲洗，再用质量分数为2%的硫代硫酸钠溶液洗，然后用蘸有油的棉花擦，再敷以油膏。

1.4　化工实验室危害控制措施

识别实验危害，开展风险分析的目的是建立不同层次的控制措施，以确立必要的标准操作规程，将危险扼杀在摇篮中。不同的措施有不同的控制效果，从根本上避免实验危害才是上策，按照防范有效性从高到低依次为：消除、替代、改进、隔离、工程控制、行政管理、个人防护。具体措施可以分为三个层次：消除危害、减小危害、辅助控制。

层次一：消除危害

在新技术、新产品的开发过程中尽量避免使用具有危险性的物质、工艺和设备，即用不燃和难燃物质替代可燃物质，用无毒和低毒物质代替有毒物质，这样可以大大降低火灾、爆炸、中毒事故发生的可能。

层次二：减小危害

这一层次主要包括以下四类措施：

① 替代危险。用危害更小、更安全的物质或设备替代现有的危害物质与设备。

② 改进设计。改进实验流程、操作条件、投料量的设计，使得危害物质在实验室的强度减小或使得危害因素得到有效控制。

③ 隔离危险。隔离产生危害因素的设备、物料等，如使用计算机在线控制、远程控制的方法，使得实验人员与危害因素之间形成物理上的分离。

④ 工程手段。运用各种工程技术控制手段降低各类事故的危害程度，降低有毒有害因素在实验室的暴露强度。如消防器材、化学通风橱、防溅护罩、手套箱、压力消毒柜、气体泄漏报警器、紧急冲淋器、洗眼器等。

层次三：辅助控制

主要是指行政管理和个人防护两大类：

① 行政管理。通过行政手段加强实验室安全管理，加强人员安全教育，利用完善的管理制度及有效措施的实施来避免各类危害事故的发生。如成立 HSE（健康、安全、环境）管理办公室，建立科学规范的安全管理制度，建设安全教育网站，做好人员培训，建立实验室准入制度等。

② 个人防护。利用防护设备使得实验人员避免接触物理、化学、生物等危害因素，从而保护人员安全。常用的个体防护分为眼面部防护、呼吸防护、听力防护、手足防护等。

1.4.1　实验室安全设施

（1）通风橱

如图 1-1，通风橱是通风系统中的关键部分，能够防止易燃有毒或有危害的蒸气、异味进入实验室普通区域。钢化玻璃活动门拉至低位时，通风橱可为实验人员提供物理隔离。当发生化学品泄漏时可以提供一定的溢出容积。为保障其发挥正常功能，实验者应当掌握正确的使用方法和维护方法。

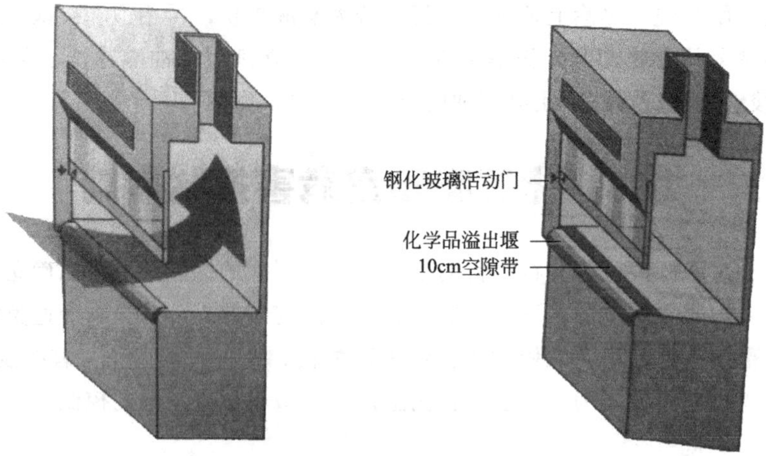

图 1-1 通风橱运行的示意图

① 操作点应距离活动门边缘至少 10cm。

② 活动门应始终保持在最低允许位置以减小通风面开度及暴露风险。

③ 拆装设备或其他任何操作时，实验人员头部决不能伸进通风橱的活动门平面以内。

④ 尽量减少在通风橱前面走动，避免干扰通风的气流。

⑤ 针对不同污染物，通风橱风速要求不一样：对人体无害但有污染的为 0.3～0.4m/s，轻、中度危害物为 0.4～0.5m/s，极度危害或少量有放射性的危害物要求为 0.5～0.7m/s。

⑥ 使用 TLV（8h 日时量平均容许浓度）小于 50×10^{-6} 的挥发性物质时，应当配备通风橱或者其他现场通风设施。

⑦ 安装实时气流监控装置，监控通风橱风速，通风橱至少每年完整检查一次以确保其运行。

⑧ 当通风系统停止时，所有实验必须停止，盖好原料瓶，并将所有通风橱活动门关闭。

(2) 气体监测系统及报警器

实验室的监测报警系统主要考虑以下情况，即缺氧环境、易燃气体、毒性气体和火警报警，通常针对三类危害气体进行监测：易燃气体（氢气、甲烷、乙炔等)、有毒气体（一氧化碳、硫化氢等）和窒息性气体（氮气、氨气等）。监测环境中的气体浓度，如果超过报警限值，则报警信号将启动，表现形式为蜂鸣器响、指示灯亮。为保障警报系统发挥正常功能，实验者应当掌握正确的使用方法和维护方法。

① 各种气体的报警装置使用有强制性要求，报警值应根据气体性质从安全使用角度设置，例如：可燃性气体可设置 25%LFL（燃烧下限）为低位报警点，50%LFL 为高位报警点；氧气检测装置，设置 19.5%为缺氧低位报警点，22.5%为富氧高位报警点。

② 气体监测器的安装位置应遵循以下原则：若蒸气密度比空气大，安装在离地面不大于 0.45m 的位置，特别注意蒸气可能在较低的区域积聚；若蒸气密度比空气小，安装在离地面 1.8～2.4m 的位置，特别注意屋顶区域积聚；对于整个实验区域，监测探头的间距建议不要超过 15m。

③ 气体监测系统及报警器至少每年检查一次以确保其正常运行。

(3) 安全淋浴设备及洗眼器

为保障其发挥正常功能，实验者应当掌握正确的使用方法和维护方法。

① 若眼睛被化学品沾染，应当撑开眼皮确保水冲淋到眼睛，彻底冲洗 15min。若衣物等受污染，应当边冲淋边脱去所有防护用品和衣物。紧急情况下呼救，持续冲淋，直到救护人员到达现场。

② 定期检查，做好记录，建议每周一次。

③ 安全淋浴设备及洗眼器与化学品之间的最大距离不应该超过 10s 路程，距离应当不超过 30m。

④ 安全淋浴设备及洗眼器应使用亮黄色或红色，便于实验人员或急救人员识别。

⑤ 安全喷淋设备附近应配有报警系统。

⑥ 洗眼器的阀门应当容易操作，打开时间不超过 1s，阀门具有防腐蚀功能。

1.4.2　个人防护计划

(1) 预先了解实验室应急计划

① 熟悉实验室内最近的火警报警地点、报警电话。

② 掌握灭火器材的放置位置、类别和使用方法。

③ 了解安全设备的放置位置、使用方法，如安全喷淋设备、紧急洗眼器等，保持周围无阻挡物。

④ 熟悉逃生通道，并保持安全出口畅通。

(2) 选择正确的个人防护用品

① 在实验室工作时应始终穿好实验服，扣好扣子，不要将袖管卷起；保持实验服清洁干净，如果沾染有害化学品，将其脱污或者丢弃。

② 鞋子应当包跟、包趾、防渗漏、遮盖脚面 3/4 面积。

③ 佩戴合适的安全眼镜，防护眼镜用来保护眼睛免受飞来的碎屑伤害，但不能防气体、蒸气、液体和粉尘，在这种情况下，应当佩戴护目镜，如图 1-2 所示。

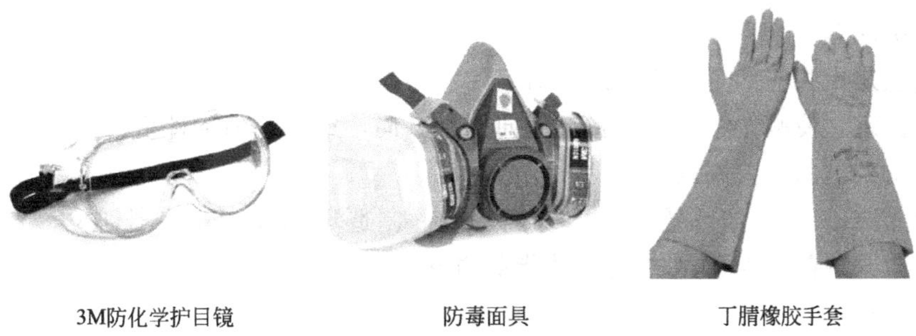

图 1-2　实验室常见个人防护用品

④ 根据操作需要选择合适的手套（见图 1-2），如防烫、防冷冻、防刮伤、防化学品、防静电等。对于所有类型的手套，使用前都要查看是否存在针孔以及撕裂处。

⑤ 选择正确的呼吸防护罩（比如防毒面具，见图 1-2），如空气过滤式、供气式，或者半面式、全面式；非抛弃式呼吸防护罩存放时应避免粉尘、阳光直射、极端温度、化学品污染或者挤压变形。

⑥ 束起头发，不要穿肥大衣物和戴首饰。

第2章 实验数据处理与评价

实验研究的目的，是期望通过实验过程获得可靠的、有价值的实验数据和结果。而实验结果的可靠性、准确性，以及是否反映对象的本质，需要用科学的依据和有理论支撑的数学方法加以分析、归纳和评价。因此，准确地掌握和合理地应用误差理论、统计理论和科学的数据处理方法尤为重要。

2.1 误差的基本概念

2.1.1 误差的来源及分类

误差是指实验测量值（包括间接测量值）与真实值（包括客观存在的准确值）之间的差别，误差主要分为以下三类。

（1）系统误差

系统误差是由某些固定不变的因素引起的。通过在相同条件下多次测量，其绝对值、符号总是保持恒定，使测量结果永远影响偏向同一方向，或误差随条件呈规律变化。

引起系统误差的主要原因有：

① 测量仪器因素：如仪器本身的缺陷，零件制造不标准，安装不到位，未经校准等。比如，在试验开始前，若选定的电位计指针并未归零，而是偏于 0.2mV 时，那么在读数时，实际值要在读数值的基础上减去 0.2mV。

② 环境因素：温度、湿度及压力等环境因素变化引起的误差，如温度的变化将影响物体导线的电阻，大气压的变化将影响溶液的沸点温度，湿度的变化将影响测量仪器而产生系统误差等。

③ 测量方法因素：近似的测量方法或近似的计算公式等引起的误差。

总之，系统误差是恒定误差，实验次数的改变并不能影响系统误差的值。反复测定时，系统误差常保持同一数值与同一符号，故也称为常差。由于系统误差有固定的偏向和确定的规律，可根据产生原因采取相应的措施，对系统误差给予校正或用公式清除。

（2）随机误差（偶然误差）

随机误差主要是由一些非控制性的因素引起的，如测量值的波动、肉眼观察误差等因素。随机误差数值和符号具有不确定性，其误差大小与测量次数有关，测量次数越多，其误差值越小，结果服从统计规律，但它不能从实验中消除。

（3）过失误差

过失误差主要是由于实验人员粗心大意引起的误差。如读数错误、记录错误或操作失误等因素。这类误差与正常值相差较大。若原因清楚，应及时清除。若原因不明，应根据统计学的 3σ 准则进行判别和取舍（σ 称为标准误差）。所谓 3σ 准则，即如果实验测定量 x_i 与平均值 x_m 的残差 $|x_i - x_m| > 3\sigma$，则该测定值为坏值，应予剔除。

2.1.2 实验数据的真值与平均值

（1）真值

真值是指某物理量客观存在的确定值，它通常是未知的。虽然真值是一个理想值，当对某一物理量经过无数次测量时，出现的误差有正、有负，而正负误差出现的概率是相同的。因此，若不存在系统误差，它们的平均值相当接近于这一物理量的真值。故真值等于测量次数无限多时得到的算术平均值。由于实验过程中测量数据并不能达到无限次，由此得出的平均值只能近似于真值，称这个平均值为最佳值。

（2）平均值

平均值有算术平均值、几何平均值、平方平均值（均方根平均值）、调和平均值、加权平均值等。平均值的选择主要取决于一组测量值分布的类型，在化工实验和科学研究中，数据的分布一般多属于正态分布，故多可采用算术平均值。

如设 x_1，x_2，…，x_n 为各次测量值；n 为测量次数，则算术平均值为：

$$x_m = \frac{x_1 + x_2 + \cdots + x_n}{n} = \frac{\sum_{i=1}^{n} x_i}{n} \tag{2-1}$$

因为测定值的误差分布一般服从正态分布，可以证明算术平均值即为一组等精度测量的最佳值。

2.1.3 误差的表示方法

（1）绝对误差

测量值与真值之差的绝对值称为测量值的误差，即绝对误差。在实际生活中常以平均值（最佳值）代替真值，测量值与最佳值之差称为剩余误差，但习惯上也称为绝对误差。

如在实验中对物理量的测量只进行了一次，可根据测量仪器出厂鉴定书注明的误差，或取测量仪器最小刻度值的一半作为单次测量的误差。如化工实验中最常用的 U 形管压差计、转子流量计、秒表、量筒等原则上均取其最小刻度值为最大误差，而取其最小刻度值的一半作为绝对误差计算值。

（2）相对误差

绝对误差与真值的绝对值之比，称为相对误差，即：

$$\text{相对误差} = \left| \frac{\text{绝对误差}}{\text{真值}} \right| \times 100\% \tag{2-2}$$

（3）算术平均误差（δ）

表示如下：

$$\delta = \frac{\sum_{i=1}^{n} |x_i - x_m|}{n} \tag{2-3}$$

（4）标准误差（均方误差，σ）

对有限测量次数，标准误差表示为：

$$\sigma = \sqrt{\frac{\sum_{i=1}^{n} (x_i - x_m)^2}{n-1}} \tag{2-4}$$

标准误差是目前最常用的一种表示精确度的方法，其值与测量的每个数据和实验精确度有关，实验越准确，标准误差值越小，能比较直观地反映实验数据的精确度。

2.1.4 误差的传递

误差计算方法主要用于实验直接测定量的误差估计。但是，在化工专业实验中，通常希望考察的并非直接测定量而是间接的响应量。如反应动力学方程的测定实验中，速率常数$k=A\mathrm{e}^{-E/(RT)}$就是温度的间接响应值。因此，直接测定值的误差必然会传递给响应值。那么，如何估计这种误差的传递呢？

① 误差传递的基本关系式。设某响应值 y 是直接测量值 x_1，x_2，…，x_n的函数，即：

$$y = f(x_1, x_2, \cdots, x_n) \tag{2-5}$$

② 由于误差相对于测定量而言是较小的量，因此可将上式依泰勒级数展开，略去二阶导数以上的项，可得函数 y 的绝对误差 Δy 表达式：

$$\Delta y = \frac{\partial f}{\partial x_1}\Delta x_1 + \frac{\partial f}{\partial x_2}\Delta x_2 + \cdots + \frac{\partial f}{\partial x_n}\Delta x_n \tag{2-6}$$

此式即为误差的传递公式。式中，Δx_1，Δx_2，…，Δx_n表示直接测量值的绝对误差；$\frac{\partial f}{\partial x_i}$称为误差传递系数。

③ 函数误差的表达。由式(2-6) 可见，函数 y 的绝对误差 Δy 不仅与各测量值的误差 Δx_i 有关，而且与相应的误差传递系数有关。为保险起见，不考虑各测量值的分误差实际上有相互抵消的可能，将各分量误差取绝对值，即得到函数的最大绝对误差为：

$$\Delta y = \sum_{i=1}^{n} \left| \frac{\partial f}{\partial x_i} \Delta x_i \right| \tag{2-7}$$

据此，可求得函数的相对误差为：

$$\frac{\Delta y}{y} = \sum_{i=1}^{n} \left| \frac{\partial f}{\partial x_i} \times \frac{\Delta x_i}{y} \right| \tag{2-8}$$

当各测定量对响应量的影响相互独立时，响应值的标准误差为：

$$\sigma_y = \sqrt{\sum_{i=1}^{n} \left(\frac{\partial f}{\partial x_i} \right)^2 \sigma_i^2} \tag{2-9}$$

式中，σ_i为各直接测量值的标准误差；σ_y为响应值的标准误差。

根据误差传递的基本公式，可求取不同函数形式的实验响应值的误差及其精度，以便对实验结果作出正确的评价。

2.1.5　精密度、正确度和精确度

测量的质量和水平，既可以用误差的概念来描述，也可以用精确度等概念来反映，具体介绍如下。

(1) 精密度

在测量中所测得的数值重现的程度，称为精密度。精密度高则随机误差小。

(2) 正确度

在规定条件下，测量中所有系统误差的综合，称为正确度。正确度高则系统误差小。

(3) 精确度

测量值与真值接近的程度，称为精确度，为测量中所有系统误差和随机误差的综合。对于实验和测量来说，精密度高，正确度不一定高；正确度高，精密度也不一定高。但是当精确度高时，则精密度和正确度都高。图 2-1 表示了精密度、正确度和精确度的含义。

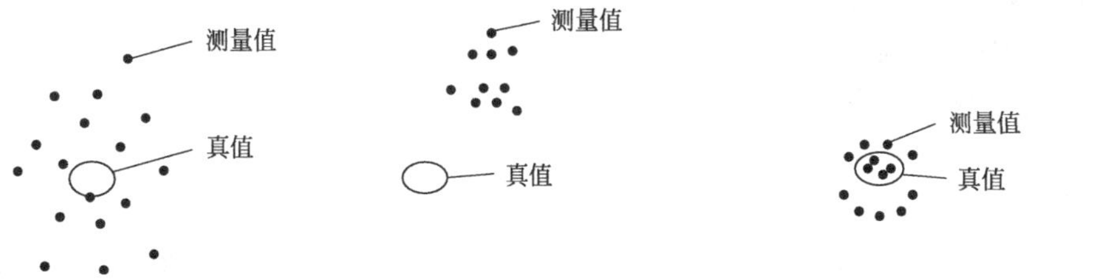

(a) 系统误差小而随机误差大，即正确度高而精密度低

(b) 系统误差大而随机误差小，即正确度低而精密度高

(c) 系统误差与随机误差都小，表示正确度和精密度都高，即精确度高

图 2-1　精密度、正确度和精确度的含义示意图

2.2　实验数据的有效数字与记数法

2.2.1　有效数字

任何测量结果或计算的量，总是表现为数字，而这些数字就代表了欲测量结果的近似值。在取值时，近似值的位数应根据测量仪表的精度来确定，一般应记录到仪表最小刻度的十分之一位。例如：某液位计标尺的最小分度为 1mm，则读数精确到 0.1mm。若测量某液位高度时，其在 524mm 与 525mm 的中间，则液面高记为 524.5mm，其中前三位数字是准确数字，最后一位数字是估算值，是欠准数字，该数据为 4 位有效数字；若液位高度刚好在 524mm 刻度上，则液位高度应记为 524.0mm，若记为 524mm，则表示该数值只有 3 位有效数字，失去一位（末位）欠准数字。

总之，有效数字中应有且只能有一位（末位）欠准数字。由上可见，当液位高度为 524.5mm 时，最大误差为±0.5mm。

2.2.2　科学记数法

在科学计算与工程研究过程中，为了清楚地表达有效数字或数据的精度，通常将有效数字写出并在第一位数后加小数点，而数值的数量级由 10 的整数幂来确定，这种以 10 的整数

幂来记数的方法称科学记数法。例如：0.0088 有 2 位有效数字时应记为 8.8×10^{-3}，有 3 位有效数字时记为 8.80×10^{-3}。应注意，在科学记数法中，在 10 的整数幂之前的数字应全部为有效数字。

2.2.3 有效数字运算规则

有效数字运算规则是：在遵守数学运算法则的前提下，规定准确数字之间的运算结果仍为准确数字，存疑数字与任何数字的运算结果均为存疑数字。在有效数字的运算过程中，需要明确“0”的双重意义，即作为普通数字使用或作为定位的标志。例如：某滴定管读数为 20.30mL 时，数值里面的两个 0 都是测量出的数，算作普通数字，都是有效数字，因此该滴定管读数有 4 位有效数字，当把单位“mL”改用“L”为单位，读数记为 0.02030L，其中前两个 0 起定位作用，不是普通数字，该数值仍然有 4 位有效数字。因此，可以对有效数字的位数规定如下：

① 改变单位并不改变有效数字的位数；

② 在数字末尾加 0 作定位时，要用科学计数法表示；

③ 在实验数据计算中遇到倍数、分数关系时，视为有无限多位有效数字；

④ 对数数值的有效数字位数由该数值的尾数部分决定。

注意：首位为 8 或 9 的数字，有效数字可多计一位。

有效数字的修约规定：当尾数≤4 时则舍，尾数≥6 时则入；尾数等于 5 而后面的数都为 0 时，5 前面为偶数则舍，5 前面为奇数则入；尾数等于 5 而后面还有不为 0 的任何数字，无论 5 前面是奇或偶都入。例如，将下列数字修约为 4 位有效数字。

修约前	修约后	修约前	修约后
0.526647	0.5266	250.65000	250.6
0.36266112	0.3627	18.085002	18.09
10.23500	10.24	3517.46	3517

由于与误差传递有关，有效数字计算时加减法和乘除法的运算规则不太相同。具体如下。

① 加减法。在进行加减法计算时，计算结果的有效数字以小数点后位数最少的数据决定。计算过程中，可以先直接计算，再进行修约；也可先按小数点后位数最少的数据对各个数据进行修约，再进行加减计算。

例：计算 50.1＋1.45＋0.5812＝？

先直接计算：50.1＋1.45＋0.5812＝52.1312

后修约：52.1

先修约后计算：50.1＋1.4＋0.6＝52.1

先修约，计算结果相同且计算简捷。

例：计算 12.43＋5.765＋132.812＝？

先直接计算：12.43＋5.765＋132.812＝151.007

后修约：151.01

先修约后计算：12.43＋5.76＋132.81＝151.00

根据运算规则，结果应为：151.00

注意：用计算器计算后，屏幕上显示的是 151，但不能直接记录，否则会影响以后的修约；应在数值后添两个 0，使小数点后有两位有效数字。

从上面的例子可以看出，为了保证间接测量值的精度，在设计实验装置时，对所选取的仪器仪表其精度要求一致，否则系统的精度将受到精度较低的仪器仪表限制。

② 乘除法。在进行乘除法计算时，计算结果的有效数字以有效数字最少的数据决定。先按有效数字最少的数据对各数据进行修约，再进行乘除运算，计算结果仍保留相同有效数字。

例：计算 $0.0121\times25.64\times1.05782=?$

修约为：$0.0121\times25.6\times1.06=?$

计算后结果为：0.3283456，结果仍保留为三位有效数字。

记录为：$0.0121\times25.6\times1.06=0.328$

注意：用计算器计算结果后，要按照运算规则对结果进行修约。

例：计算 $2.5046\times2.004\times1.52=?$

修约为：$2.50\times2.00\times1.52=?$

计算器计算结果显示为 7.6，只有两位有效数字，但我们抄写时应在数字后加一个 0，保留三位有效数字。即 $2.50\times2.00\times1.52=7.60$。

③ 乘方与开方运算。在进行乘方与开方运算时，乘方、开方后的有效数字与其底数相同。

④ 对数运算。在进行对数运算时，对数的有效数字位数与其真数相同。例如：$\lg2.35=3.71\times10^{-1}$；$\lg4.0=6.0\times10^{-1}$。

⑤ 在 4 个以上数的平均值计算中，平均值的有效数字可较各数据中最小有效位数多一位。

⑥ 所有取自手册上的数据，其有效数字按计算需要选取，但原始数据如有限制，则应服从原始数据。

⑦ 一般在工程计算中取三位有效数字已足够精确，在科学研究中根据需要，可能取到 4 位有效数字。

2.3　实验数据处理的基本方法

在整个实验过程中，实验数据处理是一个重要的环节。通过实验数据处理，得出实验结果，通过实验数据处理得出相应的图表，人们通过图表可以清楚地观察到各变量之间的定量关系，从而进一步分析实验现象，得出规律，指导后续实验的方案设计以及工程设计。数据处理一般有以下三种常用方法。

(1) 列表法

列表法即将原始实验数据经过计算处理制成表格。表格可以显示各变量之间的对应关系，同时反映各变量之间的变化规律，是描绘曲线的基础。

(2) 图示法

图示法即将原始实验数据或处理后的实验数据在坐标纸上绘成曲线，直观而清晰地表达出各变量之间的相互关系。分析极值点、转折点、变化率及其他特性，便于比较，还可以根据曲线得出相应的方程式。

（3）回归分析法

回归分析法即借助于最小二乘法等方法将实验数据进行统计处理，建立数学模型以得出最大限度地符合实验数据的拟合方程式，并判断拟合方程式的有效性。

2.3.1 列表法

实验过程中，将记录的实验原始数据以列表的形式展现出来的称为实验原始数据记录表，将原始数据经过后处理的列表称为实验结果综合表。实验原始数据记录表是根据实验内容设计制定的，它是在实验之前设计好的列表，根据不同的实验类型，记录实验过程中得出的初始数据，从而设计不同的实验原始记录表格。如，乙苯脱氢制苯乙烯实验的原始数据记录表（见表 2-1～表 2-3）。

表 2-1 原始数据记录表

时间	预热器温度/℃	反应器温度/℃	水进料速度/(mL/min)	乙苯进料速度/(mL/min)	备注

表 2-2 物料平衡数据表

序号	原料加入量/mL		产物质量/g			备注
	水	乙苯	油层	水层	合计	

表 2-3 产物组成色谱分析数据表

序号	反应温度/℃	苯乙烯含量/%	乙苯含量/%	甲苯含量/%	苯含量/%

实验结果综合表是根据原始数据经过运算和整理得到的主要实验结果数据，该表可以直接反映主要实验性能指标与操作参数之间的关系。如，乙苯脱氢制苯乙烯实验的实验结果汇总表（见表 2-4）。

表 2-4 实验结果汇总表

序号	反应温度/℃	乙苯转化率/%	苯乙烯选择性/%	苯乙烯收率/%

列表法注意事项：

① 表头列出变量名称、单位。

② 数值要注意有效数字，要与测量仪表的精确度相适应。

③ 数值较大或较小时要用科学记数法，将 $10^{\pm n}$ 记入表头（注意：参数 $\times 10^{\pm n}$ 等于表中数据）。

④ 科学实验中，记录表格要正规，原始数据要整齐、规范。

2.3.2　图示法

图示法是根据原始数据或处理后的实验结果数据绘制成曲线的数据处理方法。在图示中，一般横坐标 x 表示自变量，纵坐标 y 表示因变量。坐标原点是否为零可以视具体情况而定，坐标分度与实验数据的有效数字相符。在已知自变量 x 和因变量 y 的测量误差条件下，由同一组实验数据得出的函数关系式不因坐标比例的选择不同而改变。

将各离散点连接成光滑曲线时，应使曲线尽可能通过较多的实验点，或者使曲线以外的点尽可能均匀地位于曲线的两侧。通过计算曲线对实验数据的均方误差，来评判所绘曲线的质量，均方误差值越小，说明曲线质量越高。

为了清晰地反映出数据的规律性，绘制曲线时应根据应变量与自变量变化规律及变化幅度的大小，或根据经验判断出该实验结果应具有的函数形式来选择适宜的坐标类型。化工中常用的坐标有直角坐标、对数坐标和半对数坐标。

坐标类型选择的一般原则是，尽可能使函数图形线性化，即符合线性函数 $y=a+bx$，选用直角坐标系统；指数函数 $y=a^{kx}$，选用半对数坐标系统；幂函数 $y=bx^{a}$，选用对数坐标系统。

2.3.3　回归分析法

在科学实验和工程测试中经常得到一系列的测量数据，其数值随着一些因素的改变而变化，把测量的数据描定在特定的坐标上可以得出反映变量关系的大体规律的曲线，如果能找到一个函数关系式，正好反映变量之间如同曲线表示的关系，这就可以把全部测量数据用一个公式来代替，从而简化数据处理过程。通过一系列数据的统计分析，归纳得到函数关系式的方法称为回归，得到的公式称为回归方程，通常也称为经验公式，有时也称为数学模型。

建立回归方程所用的方法称为回归分析法。根据变量数目和关系不同，可分为一元线性回归（直线拟合）、一元非线性回归（曲线拟合）、多元线性回归和多项式回归等。其中一元线性回归最常见，也是最基本的回归分析方法。而一元非线性回归分析法通常可采用变量代换，将其转化为一元线性方程回归的问题。

(1) 回归分析的大致步骤

① 以自变量为横坐标、因变量作为纵坐标，在坐标上标绘出各实验数据，并将各点连成线。

② 对上述描绘的线进行分析，确定公式的基本形式。如果数据点描绘的线为直线，则可以用一元线性回归方法确定直线方程。如果数据点描绘的线是曲线，则根据曲线形状和特点对比、判断曲线属于何种函数类型。如果测量曲线很难判断属于何种类型，则可以按多项式回归处理。

③ 确定拟合方程（公式）中的常量。直线方程表达式为 $y=a+bx$，方程式中的常量

（即直线的截距 a 和斜率 b）可用图解法、平均值法或最小二乘法确定。确定 a、b 后，对于采用了曲线化直线的方程应变换为原来的函数形式。

检验拟合方程的稳定性、显著性。用测量数据中的自变量代入拟合方程计算出函数值，并用标准方差或进行方差分析、F 检验来考察函数值与实际测量值是否一致、差别是否显著。如果所确定的公式基本形式有错误，此时应重新建立公式。

如果两个变量之间存在一定的关系，通过测量 x 和 y 的一系列数据，并用数学处理方法得出这两个变量之间的关系，这就是工程上的拟合问题。若两个变量之间关系是线性关系，就称为直线拟合或一元线性回归，如果变量之间的关系是非线性关系，则称为曲线拟合或一元非线性回归。有些曲线关系可以通过曲线化直法变换为直线关系，其实质是自变量（横坐标）的值采用原变量的某种函数值（如对数值），这样就可按一元线性回归方法处理，变为直线拟合的问题。

（2）一元线性方程回归

已知两个变量 x 和 y 之间存在直线关系，在通过实验寻求其关系式时，由于实验、测量过程等存在误差和其他因素的影响，两个变量之间的关系会存在一定的偏离，但实验得到的一系列的数据会基本遵循相应的关系，分析所测得的数据，便可找出反映两者之间关系的经验公式。这是工程上和科研中常会遇到的一元线性方程回归问题。

由于因变量测量中存在随机误差，一元线性方程回归同样可用到最小二乘法处理。

（3）其他线性回归方法

按最小二乘法拟合直线所得的直线关系最能代表测量数据的内在关系，其标准差最小，但它的计算较为复杂。有时在精度要求不很高或实验数据线性较好情况下，为了减少计算量，可采用如下一些简便的回归方法。

① 分组法（平均值法）。此方法是将全部 N 个测量点值（x，y），按自变量从小到大顺序排列。分成数目大致相同的两组，前半部 K 个测量点（$K=N/2$ 左右）为一组，其余的 $N-K$ 个测量点为另一组，建立相应的两组方程，两组由实际测量值表示的方程分别作相加处理，得到两个方程组成的方程组。解方程组可求得方程的回归系数。

② 作图法。把 N 个测得数据画在坐标纸上，其大致成一直线，画一条直线使多数点位于直线上或接近此线并均匀地分布在直线的两旁。这条直线便是回归直线，找出靠近直线末端的两个点（x_1，y_1）、（x_2，y_2），用其坐标值按下列公式求出直线方程的斜率 b 和截距 b_0。

$$b=\frac{y_2-y_1}{x_2-x_1} \tag{2-10}$$

$$b_0=y_1-bx_1 \tag{2-11}$$

在以上几种方法中，最小二乘法所得拟合方程精确度最高，分组法次之，作图法较差。但最小二乘法计算工作量最大，分组法次之，作图法最为简单，因此，在精确度要求较高的情况下应采用最小二乘法，在精度要求不是很高或实验测得的数据线性较好的情况下，才采用简便计算方法，以减少计算工作量。

必须指出：用最小二乘法求解回归方程是以自变量没有误差为前提的。讨论中不考虑输入量有误差，只认为输出量有误差。另外，所得的回归方程一般只适用于原来的测量数据所涉及的变量变化范围，没有可靠的依据不能任意扩大回归方程的应用范围。也就是说，所确定的只是一段回归直线，不能随意延伸。

2.4 实验报告的撰写

(1) 实验报告的特点

① 原始性实验报告记录和表达的实验数据一般比较原始，数据处理的结果通常用图或表的形式表示，比较直观。

② 纪实性实验报告的内容侧重于实验过程、操作方式、分析方法、实验现象、实验结果的详尽描述，一般不作深入的理论分析。

③ 试验性实验报告不强求内容的创新，即使实验未能达到预期效果，甚至失败，也可以撰写实验报告，但必须客观真实。

(2) 实验报告的写作格式

① 标题。实验名称。

② 作者及单位。署明作者的真实姓名和单位。

③ 摘要。以简洁的文字说明报告的核心内容。

④ 前言。概述实验的目的、内容、要求和依据。

⑤ 正文。正文主要内容如下。

a. 实验原理和方法：说明实验所依据的基本原理、实验方案及装置设计的原则。

b. 实验原料与设备流程：说明实验所用原料、设备、器材的名称和数量，图示实验装置及流程。

c. 实验步骤：详述实验操作步骤、分析方法，指明操作、分析的要点。

d. 实验数据：记录原始实验数据与实验现象，列出原始数据表。

e. 数据处理：通过计算和整理，将实验结果以列表、图示或照片等形式反映出来。

f. 结果讨论：从理论上对实验结果和实验现象作出合理的解释，说明自己的观点和见解。

g. 思考题：对思考题进行讨论解答。

⑥ 参考文献。如报告中引用了参考文献，要在报告末尾注明文献来源。

第3章 化工热力学实验

3.1 液液传质系数的测定

【实验目的】

① 测定醋酸在水与乙酸乙酯中的传质系数。

② 理解用路易斯池测定液液传质系数的方法。

③ 探究液体流动情况、物系性质对液液界面传质的影响机理。

【实验原理】

由于液液间传质过程的复杂性，关于两相接触界面的动力学状态，物质通过界面的传递机理，以及相界面的传质阻力等问题的研究，必须借助于实验。

在工业萃取设备中，通常将一种液相以滴状分散于另一种液相中进行萃取。当流体流经填料、筛板等内部构件时，会引起两相高度的分散，传质过程和分子扩散因而变得相当复杂。因此，在实验研究中，常将这个过程采用模拟和理想化的方法分别进行处理。本实验采用改进型的路易斯池进行实验。由于路易斯池具有传质界面恒定的特点，在一定的温度和搅拌速度下进行实验时，只需测定两相浓度随时间的变化关系，便可方便地使用物料衡算及速率方程获得传质系数。

$$\frac{-V_{\mathrm{w}}}{A}\times\frac{\mathrm{d}c_{\mathrm{w}}}{\mathrm{d}t}=K_{\mathrm{w}}(c_{\mathrm{w}}-c_{\mathrm{w}}^{*}) \tag{3-1}$$

$$\frac{V_{\mathrm{o}}}{A}\times\frac{\mathrm{d}c_{\mathrm{o}}}{\mathrm{d}t}=K_{\mathrm{o}}(c_{\mathrm{o}}-c_{\mathrm{o}}^{*}) \tag{3-2}$$

若溶质在两相的平衡分配系数 m 可近似地取为常数，则

$$c_{\mathrm{w}}^{*}=\frac{c_{\mathrm{o}}}{m},\quad c_{\mathrm{o}}^{*}=mc_{\mathrm{w}} \tag{3-3}$$

式(3-1)、式(3-2) 中的数值由实验数据进行曲线拟合然后求导得出。

若将实验系统达平衡时的水相浓度 $c_{\mathrm{w}}^{\mathrm{e}}$ 和有机相浓度 $c_{\mathrm{o}}^{\mathrm{e}}$ 替换式(3-1)、式(3-2) 中的 c_{w}^{*} 和 c_{o}^{*}，则对上面两式积分可推出下面的积分式：

$$K_{\mathrm{w}}=\frac{V_{\mathrm{w}}}{A_t}\int_{c_{\mathrm{w}}(0)}^{c_{\mathrm{w}}(t)}\frac{\mathrm{d}c_{\mathrm{w}}}{c_{\mathrm{w}}^{\mathrm{e}}-c_{\mathrm{w}}}=\frac{V_{\mathrm{w}}}{A_t}\ln\frac{c_{\mathrm{w}}^{\mathrm{e}}-c_{\mathrm{w}}(t)}{c_{\mathrm{w}}^{\mathrm{e}}-c_{\mathrm{w}}(0)} \tag{3-4}$$

$$K_{o}=\frac{V_{o}}{A_{t}}\int_{c_{o}(0)}^{c_{o}(t)}\frac{dc_{o}}{c_{o}^{e}-c_{o}}=\frac{V_{o}}{A_{t}}\ln\frac{c_{o}^{e}-c_{o}(t)}{c_{o}^{e}-c_{o}(0)} \tag{3-5}$$

以 $\ln\frac{c^{e}-c(t)}{c^{e}-c(0)}$ 对 t 作图，由拟合曲线的斜率可获得传质系数。

根据传质系数的变化，可探究流动状况、物系性质等因素对传质速率的影响。

由于液液相际的传质非常复杂。若用双膜模型关联液液相的传质速率，需要假定：①紧靠界面两侧是两层滞流液膜；②两相界面是静止不动的，在相界面上没有传质阻力，且两相呈平衡状态；③传质阻力是由界面两侧的液膜阻力叠加而成；④在液膜内溶质靠分子扩散进行传递。但关联结果往往与实际情况有较大偏差，其主要原因是由于传质相界面的实际状况无法满足模型的假设，除了主流体中的漩涡冲到界面，以及流体流动的不稳定性造成的界面扰动外，界面本身也会因为传质引起的界面张力梯度而产生活动，从而使传质速率显著增加。

【预习与思考】

① 由路易斯池测定的液液传质系数用于实际工业设备设计中还应考虑哪些因素？

② 理想化液液传质系数实验装置有何特点？

③ 为何要研究液液传质系数？

④ 根据物性数据表，确定醋酸向哪一方向的传递会产生界面湍动，说明原因。

⑤ 物系性质对液液传质系数是如何影响的？

【实验装置】

实验所用的路易斯池如图 3-1 所示，它是由一段内径为 0.1m、高为 0.12m、壁厚为 8×10^{-3}m 的玻璃圆筒构成。池内体积约为 900mL，用一块聚四氟乙烯制成的界面环（环上每个小孔的面积为 3.8cm^2），把池隔成大致等体积的两隔室。每隔室的中间部位装有互相独立的六叶搅拌桨，在搅拌桨的四周各装设六叶垂直挡板，其作用在于防止在较高的搅拌强度下造成界面的扰动。两搅拌桨由直流电机通过皮带轮驱动。使用光电传感器监测搅拌桨的转速，并装有可控硅调速装置，可方便地调整转速。两液相的加料经高位槽注入池内，取样通过上法兰的取样口进行。另设恒温夹套，以便调节和控制池内两相的温度。为防止取样后实际传质界面发生变化，在池的下端配有一个升降台，以随时调节，使液液界面处于界面环中线处。实验流程见图 3-2。

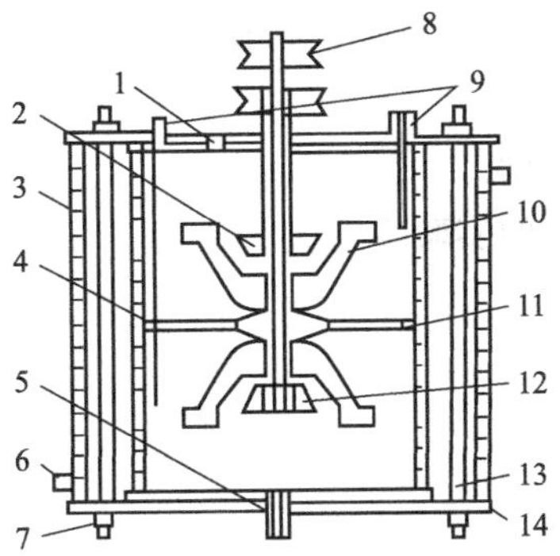

图 3-1　路易斯池简图

1—进料口；2—上搅拌桨；3—夹套；4—玻璃筒；5—出料口；6—恒温水接口；7—衬垫；8—皮带轮；9—取样口；10—垂直挡板；11—界面环；12—下搅拌桨；13—拉杆；14—法兰

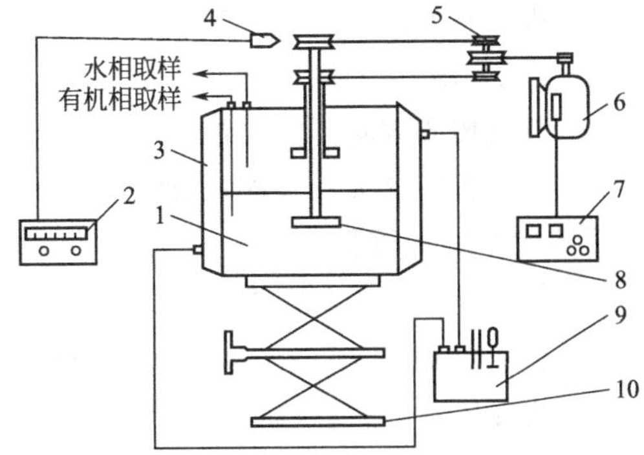

图 3-2　液液传质系数测定实验流程简图

1—路易斯池；2—测速仪；3—恒温夹套；4—光电传感器；5—传动装置；6—直流电机；7—调速器；8—搅拌桨；9—恒温槽；10—升降台

【实验步骤】

本实验所用的物系为水-醋酸-乙酸乙酯。该系统的物性数据和平衡数据列于表 3-1 和表 3-2。

表 3-1 纯物质性质表

物系	$\mu \times 10^5$/Pa·s	δ/(N/m)	ρ/(kg/m³)	$D \times 10^9$/(m²/s)
水	100.42	72.67	997.1	1.346
醋酸	130	23.9	1049	
乙酸乙酯	48	24.18	901	3.69

表 3-2 25℃醋酸在水相与酯相中的平衡浓度（质量分数） 单位：%

酯相	0	2.5	5.7	7.63	10.17	14.26	17.73
水相	0	2.9	6.12	7.95	10.13	13.82	17.25

实验时应注意以下几个方面。

① 在安装装置前，应先用丙酮溶液清洗池内各个部位，以防表面活性剂污染系统。

② 将恒温槽温度调整到实验所需的温度。

③ 加料时，不要将两相的位置颠倒，即应将较重的一相先加入，然后调节界面环中心线的位置与液面重合，接着再加入第二相。在加入第二相时应避免产生界面湍动。

④ 启动搅拌桨约 30min，使两相互相饱和，然后由高位槽加入一定量的醋酸。因为传递是一个从不平衡到平衡的过程，所以当溶质加完后就应开始计时。

⑤ 溶质加入前，应预先调节好实验所需的转速，以保证整个过程处于同一流动条件下。

⑥ 各相浓度按一定的时间间隔同时取样分析。开始应 3～5min 取样一次，之后可逐渐延长时间间隔，当取了 8～10 个点的实验数据以后，实验结束，停止搅拌，放出池中液体，洗净待用。

⑦ 实验中用 NaOH 标准溶液滴定分析各相中醋酸的含量。

以醋酸为溶质，由一相向另一相传递的萃取实验可按以下步骤进行。

① 测定各相浓度随时间的变化关系，求取传质系数。

② 改变搅拌强度，测定传质系数，分析搅拌速度与传质系数的关系。

③ 进行系统污染前后传质系数的测定，并对污染前后实验数据进行比较，解释系统污染对传质的影响。

④ 改变传质方向，探讨界面湍动对传质系数的影响程度。

⑤ 改变相应的实验参数或条件，重复以上②、③、④的实验步骤。

【实验数据处理】

① 将实验结果列表，并标绘 c_o、c_w对 t 的关系图。

② 根据实验测定的数据，计算传质系数 K_w、K_o。

③ 将传质系数 K_w-t 或 K_o-t 作图。

【结果与讨论】

① 讨论搅拌速度与传质系数的关系。

② 讨论界面湍动对传质系数的影响。

③ 解释系统污染对传质系数的影响。

④ 讨论测定液液传质系数的意义。

⑤ 分析实验误差的来源。

符号说明：

A——两相接触面积；

ρ——密度；

c——溶质浓度；

δ——表面张力；

D——扩散系数；

K——总传质系数；

o——有机相；

m——平衡分配系数；

w——水相；

t——时间；

V——溶剂相体积。

3.2 双驱动搅拌器测定气液传质系数

【实验目的】

① 掌握采用双驱动搅拌吸收器研究气液相吸收过程的方法。

② 了解气液相吸收反应过程的原理。

③ 学会应用化学吸收理论分析实验测定的传质系数与溶液转化度的关系。

④ 判断热钾碱溶液吸收 CO_2 的反应在本实验条件下，可否简化为拟一级反应模型。

【实验原理】

本实验采用双磁力驱动搅拌吸收器进行实验。其特点是：①可分别调节气相与液相的搅拌速度，因此，可以分别考察气、液相搅拌强度对吸收速率的影响，从而判断气液传质过程的控制步骤，以及化学反应对吸收速率的影响程度；②具有稳定的气液相界面积，可实测单位时间、单位相面积的瞬间吸收量，从而确定传质速率和传质系数。

本实验中采用碳酸钾（K_2CO_3）溶液吸收 CO_2 的方法是工业中常用的脱除 CO_2 的方法，这也是一个典型的化学吸收过程。采用此方法的目的是借助 K_2CO_3 与 CO_2 的反应来提高 CO_2 的脱除效率。其反应式为：

$$K_2CO_3+CO_2+H_2O \rightleftharpoons 2KHCO_3 \tag{3-6}$$

其反应机理为：

$$CO_2+OH^- \rightleftharpoons HCO_3^- \tag{3-7}$$

$$CO_2+H_2O \rightleftharpoons HCO_3^-+H^+ \tag{3-8}$$

当 pH>10 时，即碱性强时，反应式(3-8) 进行的速率远小于反应式(3-7)，可以忽略，此时，仅需考虑反应式(3-7) 即可。

在碳酸钾溶液中，溶液的 OH^- 浓度由下列反应的平衡确定：

$$CO_3^{2-}+H_2O \rightleftharpoons HCO_3^-+OH^- \tag{3-9}$$

$$c_{OH^-}=\frac{K_w c_{CO_3^{2-}}}{K_2 c_{HCO_3^-}} \tag{3-10}$$

当$\frac{c_{CO_3^{2-}}}{c_{HCO_3^-}}=1$，温度高于 50℃时，碳酸钾溶液的 $c_{OH^-}>10^{-4}$ mol/L，即 pH>10，此时碳酸钾吸收 CO_2 可按单一反应式(3-7) 考虑。

Danckwerts 等人提出，碳酸钾溶液的转化度 f 定义为溶液中转化掉的 CO_3^{2-} 与溶液中总的 CO_3^{2-} 量之比，即：

$$f=\frac{c_{HCO_3^-}}{2c_{CO_3^{2-}}+c_{HCO_3^-}} \tag{3-11}$$

当 f 较高时，反应式(3-7) 是快速反应，可由二级反应简化为拟一级反应处理。根据化学吸收的双膜渗透理论，拟一级反应吸收传质速率的增强因子为：

$$\beta=\sqrt{M}=\sqrt{\frac{D_{CO_2}k_{OH^-}c_{OH^-}}{K_L^2}} \tag{3-12}$$

相应的化学吸收速率式为：

$$N_{CO_2}=\beta K_L(c_{CO_2,i}-c^*_{CO_2,i}) \tag{3-13}$$

若液相吸收速率以 CO_2 分压为推动力，则：

$$N_{CO_2}=\beta K_L H_{CO_2}(p_{CO_2,i}-p^*_{CO_2,i})=H_{CO_2}\sqrt{c_{OH^-}k_{OH^-}D_{CO_2}}(p_{CO_2,i}-p^*_{CO_2,i}) \tag{3-14}$$

将式(3-10) 的 c_{OH^-} 代入式(3-14) 中，可得

$$N_{CO_2}=H_{CO_2}\sqrt{D_{CO_2}k_{OH^-}\frac{K_w c_{CO_3^{2-}}}{K_2 c_{HCO_3^-}}}(p_{CO_2,i}-p^*_{CO_2,i}) \tag{3-15}$$

以气体分压为推动力的液相传质系数 K 表示为：

$$K=\beta K_L H_{CO_2}=H_{CO_2}\sqrt{D_{CO_2}k_{OH^-}\frac{K_w}{K_2}\frac{c_{CO_3^{2-}}}{c_{HCO_3^-}}} \tag{3-16}$$

式(3-11) 可转化成

$$\frac{c_{CO_3^{2-}}}{c_{HCO_3^-}}=\frac{1-f}{2f}$$

代入式(3-16)，可得

$$K=H_{CO_2}\sqrt{D_{CO_2}k_{OH^-}\frac{K_w}{K_2}\times\frac{1-f}{2f}} \tag{3-17}$$

由式(3-17) 可见，液相传质系数 K 不仅与反应速率常数 k_{OH^-} 有关，还与参数 H_{CO_2}、K_w、K_2、D_{CO_2}、f 有关。反应速率常数 k_{OH^-} 和平衡常数 K_w、K_2 主要取决于温度。D_{CO_2} 取决于溶液黏度，溶液黏度又取决于温度与转化度。转化度 f 仅与溶液浓度有关。因此，在一定的温度下，可认为液相传质系数 K 仅是转化度 f 的函数，即 $\lg K$ 与 $\lg\frac{1-f}{2f}$ 为线性，斜率为 1/2。

本实验采用纯 CO_2 作为气源，使用 1.2mol/L 的 K_2CO_3 作为吸收液，控制吸收在 60℃ 下进行。由于该温度下溶液的水蒸气分压 p_w 较大，应从气相总压 p 中减去水蒸气分压才是界面 CO_2 气体的分压 $p_{CO_2,i}$。

碳酸钾溶液界面的水蒸气分压与转化度 f 的关系为：

$$p_w=0.1728(1-0.3f) \tag{3-18}$$

界面 CO_2 气体的分压为：

$$p_{CO_2,i}=p-p_w=p-0.1728(1-0.3f) \tag{3-19}$$

界面 CO_2 平衡分压 $p^*_{CO_2,i}$ 计算式为：

$$p^*_{CO_2,i}=1.95\times10^9 c^{0.4}\frac{f^2}{1-f}\exp\left(-\frac{8160}{T}\right) \tag{3-20}$$

由式(3-14) 和式(3-16) 可得：

$$K=N_{CO_2}/(p_{CO_2,i}-p^*_{CO_2,i}) \tag{3-21}$$

可见，只要测得瞬间吸收速率 N_{CO_2}，溶液的转化率 f，便可以求得吸收推动力，进而求出传质系数 K。

【预习与思考】

① 简述碳酸钾溶液吸收 CO_2 的机理。

② 简述双磁力驱动搅拌吸收器的结构与特点。

③ 本实验中，碳酸钾溶液的加入量是如何确定的？为什么？

④ 本实验需要记录哪些数据？如何求取 N_{CO_2}、$p_{CO_2,i}$、$p^*_{CO_2,i}$？

⑤ 实验前为何要用 CO_2 置换实验装置中的空气？

⑥ CO_2 进入吸收器前为何要经过水饱和器？

⑦ 简述气体稳压管的作用原理。

⑧ 本实验中碳酸钾溶液中的 CO_2 含量是如何测定的？

⑨ 本实验中碳酸钾溶液的转化度是如何确定的？

【实验装置】

碳酸钾溶液吸收 CO_2 的传质系数测定的实验流程示意图，如图 3-3 所示。钢瓶中的纯 CO_2（纯度＞99.8%）气体经过减压阀减压后流入气体稳压管，稳压后的气体经调节阀 4 调节流量并通过皂膜流量计 3 计量后，进入水饱和器 6。经过水饱和器的 CO_2 气体从搅拌吸收器 7 中部进入，经碱液吸收后的尾气从吸收器上部出口引出，经出口皂膜流量计计量后放空。吸收器前后压力分别由 U 形压力计示出；水饱和器以及吸收器的温度由恒温槽循环水控制。吸收器中气相和液相的搅拌桨转速可分别调节（转速 0～200r/min），转速误差在 1r/min 以内。双磁力驱动搅拌吸收器是本实验中的关键设备，仪器内部设有气相（上）和液相（下）两个搅拌器，分别对气相、气液界面和液相进行搅拌。操作进行时，吸收剂由储液瓶一次准确加入，加入量应控制在使液面处于液相搅拌桨下沿的 1mm 左右，以保证桨叶转动时正好刮在液面上，既达到更新表面的目的，又不破坏液体表面的平稳。吸收器中部和上部分别设有气体的进、出口管，仪器顶部有测压孔，下部与底部有加液管及取样口。

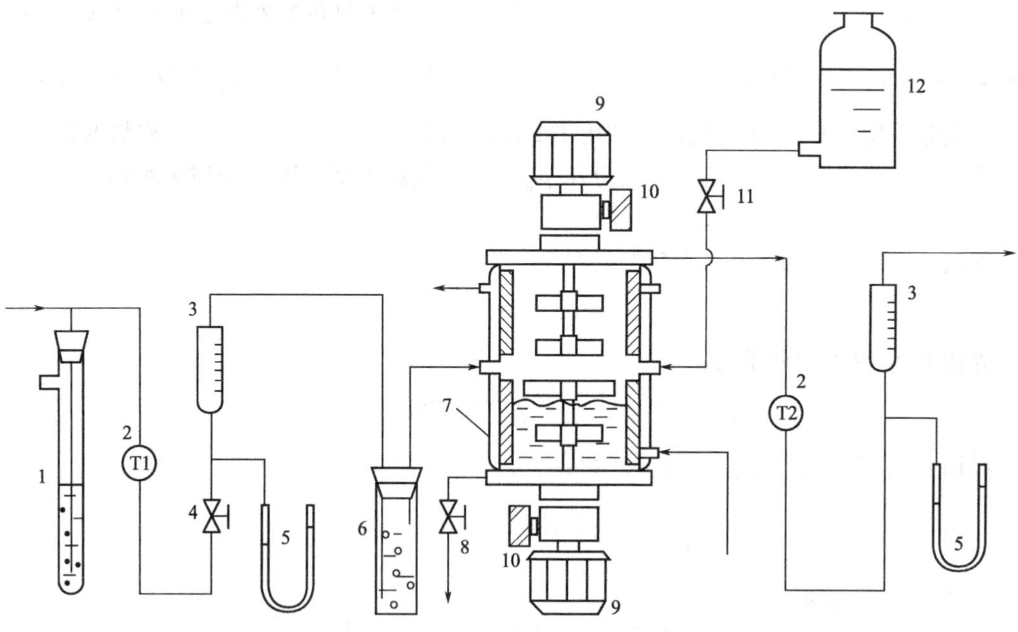

图 3-3　双磁力驱动搅拌吸收器实验流程示意图

1—气体稳压管；2—气体温度计；3—皂膜流量计；4—气体调节阀；5—压差计；6—水饱和器（气体增湿器）；7—双磁力驱动搅拌吸收器；8—吸收液取样阀；9—直流电机；10—测速装置；11—弹簧夹；12—储液瓶

实验开始时，吸收液一次加入吸收器，在恒压下连续吸收纯 CO_2 气体。随着吸收反应的进行，溶液转化度 f 增加。在维持吸收器压力恒定条件下，用皂膜流量计测得瞬间吸收速率。吸收液的起始转化度与实验结束时的终了转化度均用酸分析法测定。在吸收过程中，由吸收速率对时间的积分可求出吸收 CO_2 的累计量，据此换算出转化度 f 的增加量，加上起始转化度就可得到任一瞬间吸收速率下的液相转化度。

【实验步骤】

（1）实验操作步骤

① 开启总电源，同时开启超级恒温槽，将水浴温度调节到 60℃±0.2℃。

② 开启 CO_2 钢瓶总阀，调节钢瓶减压阀，调节适当的 CO_2 气体流量，置换吸收器内的空气，一般置换 15min 左右即可。

③ 空气置换完全后，调节进口 CO_2 气体流量，并仔细观察气体稳压管内是否有均匀气泡冒出。开启超级恒温槽，将循环恒温水打入吸收器的恒温夹套。

④ 将配制的 1.2mol/L K_2CO_3 溶液 300～400mL 加热到 60℃左右，加入吸收器内，保持液面在液相搅拌器上层桨叶下沿的 1mm 左右。

⑤ 开启搅拌桨，调节气相及液相搅拌转速分别控制在 100r/min 左右，液相的转速不能过大，以防液面波动造成实验误差。

⑥ 以启动搅拌为计时点，每 15min 用进、出口皂膜流量计测定一次进、出口 CO_2 气体的流量，并根据记录数据计算瞬间吸收速率，连续测定 3h 后停止实验。实验过程中应认真、仔细记录测量的实验数据。

⑦ 停止实验后，从吸收液取样阀中迅速放出吸收液，用 250mL 量筒接取，并精确量出吸收液体积。取样分析溶液的终了转化度，并对起始转化度进行分析。

⑧ 关闭吸收液取样阀门、气体调节阀、CO_2 减压阀、钢瓶阀，关闭超级恒温槽的电源，调节气液相搅拌转速至“零”，关掉总电源。

（2）溶液转化度分析方法

① 原理：碳酸钾与硫酸（3mol/L）反应放出 CO_2，用量气管测量放出的 CO_2 体积，即可求出溶液转化度。反应式为：

$$K_2CO_3+H_2SO_4 \longrightarrow K_2SO_4+CO_2\uparrow+H_2O$$

$$2KHCO_3+H_2SO_4 \longrightarrow K_2SO_4+2CO_2\uparrow+2H_2O$$

② 仪器分析装置：如图 3-4 所示，另需 150mL 量气管、5mL 量管与 1mL 移液管各一支。

③ 试剂：3mol/L 的硫酸溶液。

④ 操作：用移液管量取 5mL 3mol/L 的硫酸置于反应瓶的外瓶中，准确吸取 1mL 吸收液置于反应瓶的内瓶中。提高水准瓶，使液面升至量气管的上部刻度区域，塞紧反应瓶塞，使其不漏气，然后举起水准瓶，使量气管内液面与水准瓶液面相平，记下量气管的读数 V_1，摇动反应瓶，使硫酸与碱液充分混合，直至反应完全无气泡发生为止，再次举起水准瓶，使量气管内液面与水准瓶液面相平，记下量气管内读数 V_2。

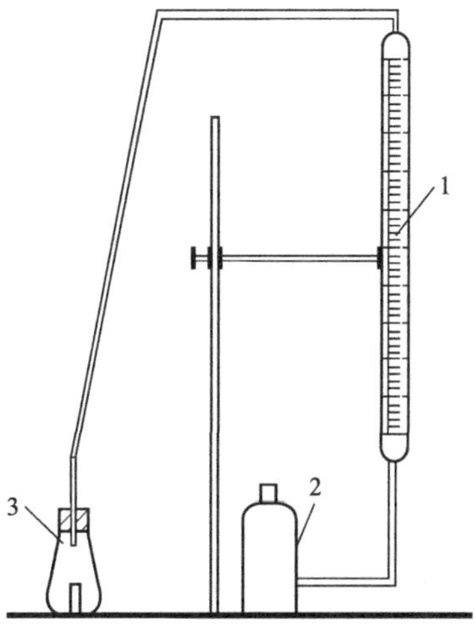

图 3-4　酸解法分析装置

1—量气管；2—水准瓶；3—反应瓶

⑤ 计算：溶液中

$$V_{CO_2}=(V_2-V_1)\varphi \tag{3-22}$$

$$\varphi=\frac{p-p_{H_2O}}{101.3}\times\frac{273.2}{T} \tag{3-23}$$

若吸收前与吸收后1mL碱液分解放出的CO_2体积分别为c_f^0与c_f，则溶液的总转化度为：

$$f=\frac{c_f-c_f^0}{c_f^0} \tag{3-24}$$

式(3-23)中水蒸气分压的计算式为：

$$p_{H_2O}=0.1333\exp[18.3036-3816.44/(T-46.13)] \tag{3-25}$$

【实验数据处理】

实验数据记录及处理见表3-3。

表3-3 实验数据记录及处理

日期________；大气压________kPa；碳酸钾溶液体积________mL；

室温________℃；传质面积________m^2

编号	时间	气体进口流量	气体出口流量	吸收速率
1				
2				
3				
4				

【结果与讨论】

① 简要说明实验目的、原理、实验流程及操作步骤。

② 记录实验原始数据。

③ 以一套数据为例，列式计算吸收速率系数与转化度。

④ 在表中列出全部实验数据的计算结果。

⑤ 绘制$\lg K$-$\lg\frac{1-f}{2f}$示意图。

⑥ 对实验方法与实验结果进行讨论。

符号说明：

V_{CO_2}——碱液中CO_2的体积，mL；

c——吸收液K_2CO_3浓度，mol/L；

c_f^0，c_f——吸收前、吸收后1mL碱液分解放出的CO_2体积，mL/mL；

c_{H^+}，c_{OH^-}，$c_{CO_3^{2-}}$，$c_{HCO_3^-}$——溶液中各离子的浓度，mol/L；

$c_{CO_2,i}$，$c^*_{CO_2,i}$——气液相界面上CO_2浓度和液相主体中CO_2平衡浓度，mol/L；

N_{CO_2}——CO_2的瞬间吸收速率，mL/s；

T——反应温度，K；

D_{CO_2}——CO_2在液相中的扩散系数；

p——总压，MPa；

f——碳酸钾溶液的转化度，无量纲；

p_w——水蒸气分压，MPa；

H_{CO_2}——CO_2 的溶解度系数；

$p_{CO_2,i}$，$p^*_{CO_2,i}$——气液界面上 CO_2 分压和吸收液中 CO_2 平衡分压，MPa；

k_{OH^-}——CO_2 与 OH^- 的反应速率常数；

K——以分压为推动力的吸收速率常数（液相传质系数），mol/(m^2·MPa·s)；

β——拟一级反应吸收传质速率的增强因子，无量纲；

K_L——液膜传质系数；

φ——温度、压力校正系数，无量纲；

K_w——水的解离常数，$K_w = c_{H^+} + c_{OH^-}$；

K_2——碳酸的二级解离常数，$K_2 = c_{H^+} c_{CO_3^{2-}} / c_{HCO_3^-}$。

3.3 二元系统气液平衡数据的测定

【实验目的】

① 了解测定二元气液平衡数据的工程意义。

② 掌握使用双循环气液平衡器测定二元气液平衡数据的方法。

③ 了解缔合系统气液平衡数据的关联方法，从实验测得的 T-p-X-Y 数据计算各组分的活度系数。

④ 能够绘制二元气液平衡相图。

⑤ 掌握二元系统气液平衡相图的绘制和拟合非线性实验数据。

【实验原理】

本实验采用循环法测定气液平衡数据，如图 3-5 所示，当体系达到平衡时，a、b 两容器中的组成不随时间而变化，这时从 a 和 b 两容器中取样分析，可得到一组气液平衡实验数据。

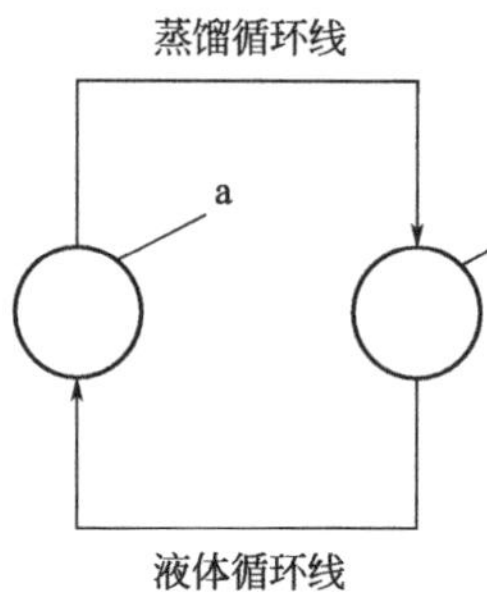

图 3-5 循环法测定气液平衡数据的基本原理示意图

【预习与思考】

① 为什么即使在常温低压下，乙酸蒸气也不能当作理想气体看待？

② 本实验中气液两相达到平衡的判据是什么？

③ 设计用 0.1mol/L NaOH 标准溶液测定气液两相组成的分析步骤，并推导平衡组成计算式。

④ 如何计算乙酸-水二元体系的活度系数？

⑤ 为什么要对平衡温度作压力校正？

⑥ 本实验装置如何防止气液平衡釜闪蒸、精馏现象发生？如何防止暴沸现象发生？

【实验装置】

本实验采用改进的 Ellis 气液两相双循环型蒸馏器，其结构如图 3-6 所示。

在本实验装置的平衡釜加热部分的下方，有一个磁力搅拌器，电加热时用以搅拌液体。在平衡釜蛇管处的外层与气相温度计插入部分的外层设有上、下两部分电热丝保温。另外还设有一电子控制装置，用以调节加热电压及上、下两组电热丝保温的加热电压。

分析测试气液相组成时，用化学滴定法。每实验组配有 2 个取样瓶、2 个 1mL 的针筒及配套针头，配有 1 个碱式滴定管及 1 架分析天平。实验室配有大气压力测定仪。

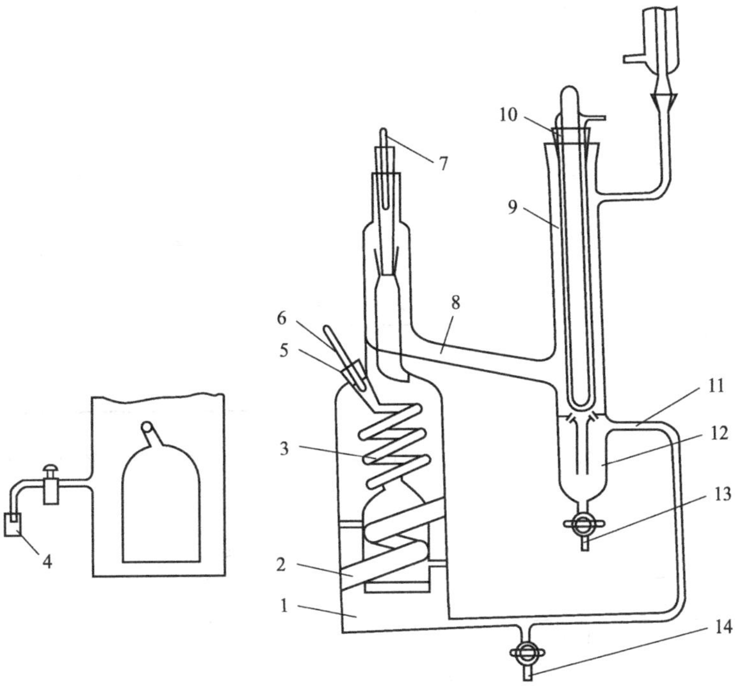

图 3-6　改进的 Ellis 气液两相双循环型蒸馏器

1—蒸馏釜；2—加热夹套内插电热丝；3—蛇管；4—液体取样口；5—进料口；6—测定平衡温度的温度计；7—测定气相温度的温度计；8—蒸气导管；9,10—冷凝管；11—气体冷凝液回路；12—凝液贮器；13—气相凝液取样口；14—放料口

【实验步骤】

① 加料。从加料口加入配制好的乙酸-水二元溶液。

② 加热前先通冷却水，然后接通加热电源，调节加热电压 120～180V，并开启磁力搅拌器，调节合适的搅拌速率，缓慢加热至釜液沸腾时，接着分别接通上、下保温电源，其电压调节在 10～15V。

③ 温控溶液沸腾，气相冷凝液出现，直到冷凝回流。起初，平衡温度计读数不断变化，调节加热量，使冷凝液控制在每分钟 60 滴左右。调节上、下保温的热量，最终使平衡温度渐趋稳定，气相温度控制在比平衡温度高 0.5～1℃。保温的目的在于防止气相部分冷凝。

④ 取样。整个实验过程中必须注意蒸馏速率、平衡温度和气相温度的数值，不断加以调整，经 0.5～1h 稳定后，记录平衡温度及气相温度读数。读取大气压力计表盘上的大气压力，迅速取出约 8mL 的气相冷凝液及液相于干燥、洁净的取样瓶中。

⑤ 用化学分析法分析气、液两相组成，每一组分析两次，分析误差应小于 0.5%，得到 $w_{\mathrm{HAc气}}$ 及 $w_{\mathrm{HAc液}}$（质量分数）。

⑥ 实验结束后，先把加热及保温电压逐步降低到零，切断电源，待瓶内温度降至室温，关冷却水，整理实验仪器及实验台。

【实验数据处理】

① 平衡温度校正。测定实际温度与读数温度的校正：

$$t_{\mathrm{real}} = t_{\mathrm{watch}} + 0.00016n(t_{\mathrm{watch}} - t_{\mathrm{room}})$$

式中，t_{watch}为温度计指示值；t_{real}为实际温度；t_{room}为室温；n 为温度计暴露出部分的读数。

沸点校正：

$$t_p=t_{real}+0.000125\times(t_{real}+273)\times(760-p)$$

式中，t_p为换算到标准大气压（0.1MPa）下的沸点；p 为实验时大气压力（换算到 mmHg）。

② 将 t_p、$w_{HAc气}$、$w_{HAc液}$输入计算机，计算表 3-4 中参数，结果列入表中。

表 3-4　气液平衡数据测定结果

p_A^0	n_B^0	n_{A1}^0	n_{A1}	n_{A2}	n_B	γ_A	γ_B

③ 在二元液相平衡相图中，将表 3-5 中给出的乙酸-水二元系气液平衡数据作成光滑的曲线，并将本次实验的数据标绘在相图上。

表 3-5　乙酸-水二元气液平衡数据

序号	t/℃	x_{HAc}	y_{HAc}	序号	t/℃	x_{HAc}	y_{HAc}
1	118.1	1.00	1.00	7	104.3	0.50	0.356
2	115.2	0.95	0.90	8	103.2	0.40	0.274
3	113.2	0.90	0.812	9	102.2	0.30	0.199
4	109.7	0.80	0.664	10	101.4	0.20	0.136
5	107.4	0.70	0.547	11	100.3	0.05	0.137
6	105.7	0.60	0.542	12	100.0	0	0

【结果与讨论】

① 计算实验数据的误差，分析误差的来源。

② 为何液相中 HAc 的浓度大于气相?

③ 若改变实验压力，气相平衡相图将做如何变化，试用简图标明。

④ 用本实验装置，设计做出本系统气液平衡相图的操作步骤。

符号说明：

n——组分的摩尔分数；

x——液相摩尔分数；

p——压力；

y——气相摩尔分数；

p^0——饱和蒸气压；

γ——活度系数；

t——摄氏温度；

下标 A1、A2——混合平衡气相中单分子和双分子乙酸；

下标 A、B——乙酸与水。

附：　　乙酸-水二元气液平衡数据的关联

为了便于计算，这里介绍一种简化的方法。

首先，仅考虑纯乙酸的气相缔合，并假设乙酸在气相中仅发生二聚，三聚可以忽略，液相中只有乙酸单分子体存在，因此，气相中乙酸单体与二聚体共存，它们之间有一个反应平衡关系，即：

$$2HAc \rightleftharpoons (HAc)_2$$

缔合平衡常数：

$$K_2 = p_2/p_1^2 = \eta_2/(p\eta_1^2) \tag{3-26}$$

式中，η_1、η_2 为气相乙酸的单分子体和二聚体的真正摩尔分数，由于液相不存在聚合体，所以气相中乙酸的压力是单体和二聚体的总压，而乙酸的逸度则是指单体的逸度。气相中单体的摩尔分数为 η_1，而乙酸的逸度为：

$$f_A = p\eta_1$$

η_1 与 n_1、n_2 的关系如下：

$$\eta_1 = n_1/(n_1 + n_2)$$

在考虑乙酸-水的二元溶液，不计入 H_2O 与 HAc 的交叉缔合，则气相就有三个组分：HAc、$(HAc)_2$、H_2O，所以

$$\eta_1 = n_1/(n_1 + n_2 + n_{H_2O})$$

气相的表观组成和真实组成之间有下列关系：

$$y_A = \frac{(n_1 + 2n_2)/n_{总}}{(n_1 + 2n_2 + n_{H_2O})/n_{总}} = \frac{n_1 + 2n_2}{n_1 + 2n_2 + n_{H_2O}}$$

将 $n_1 + n_2 + n_{H_2O} = 1$ 的关系代入上式，得：

$$y_A = (\eta_1 + 2\eta_2)/(1 + \eta_2) \tag{3-27}$$

利用式(3-26) 和式(3-27)

$$K_2 p\eta_1^2(2 - y_A) + \eta_1 - y_A = 0 \tag{3-28}$$

用一元二次方程解法求出 η_1，便可以求得 η_2 和 η_{H_2O}：

$$\eta_2 = K_2 p\eta_1^2$$

$$\eta_{H_2O} = 1 - (\eta_1 + \eta_2) \tag{3-29}$$

乙酸的缔合平衡常数与温度 T 的关系如下：

$$\lg K_2 = -10.4205 + 3166/T \tag{3-30}$$

由组分逸度的定义得：

$$f_A = p y_A \varphi_A = p\eta_1$$

$$\varphi_A = \eta_1/y_A$$

$$\varphi_{H_2O} = \eta_{H_2O}/y_{H_2O} \tag{3-31}$$

对于纯乙酸，$y_A = 1$，$\varphi_A^0 = \eta_1^0$；因低气压的水蒸气可视作理想气体，故 $\varphi_{H_2O}^0 = 1$，其中 η_1^0 可根据纯物质的缔合平衡关系求出：

$$K_2 = \eta_2^0/[p(\eta_1^0)^2]$$

$$\eta_1^0 + \eta_2^0 = 1$$

$$K_2 p_A^0 (\eta_1^0)^2 + \eta_1^0 - 1 = 0 \tag{3-32}$$

解一元二次方程可得 η_1^0。

利用气液平衡时组分在气液两相的逸度相等的原理，可求出活度系数 γ_i：

$$p\eta_i = p_i^0 \eta_i^0 x_i \gamma_i$$

即

$$\gamma_{HAc} = p\eta_1 / (p_{HAc}^0 x_{HAc})$$

$$\gamma_{H_2O} = p\eta_{H_2O} / (p_{H_2O}^0 x_{H_2O})$$

式中，饱和蒸气压 p_{HAc}^0、$p_{H_2O}^0$ 可由下面两式得到：

$$\lg p_{HAc}^0 = 7.1881 - \frac{1416.7}{t + 211}$$

$$\lg p_{H_2O}^0 = 7.9187 - \frac{1636.909}{t + 224.92}$$

注：p_{HAc}^0、$p_{H_2O}^0$ 单位是 mmHg；t 的单位是℃。

3.4　三元液液平衡数据的测定

【实验目的】

① 了解测定液液平衡数据的工程意义。

② 能够用间接法测定三元体系液液平衡数据。

③ 能够绘制三角形相图。

④ 掌握利用二元体系 UNIQUAC 方程模型参数推算三元液液平衡数据的方法，并与实验结果比较。

【实验原理】

本实验采用间接法测定乙酸-水-乙酸乙烯（HAc-H_2O-VAc）三元体系的液液平衡数据。首先采用浊点法测定溶解度曲线。由于该物系中乙酸的浓度容易分析，因此，设法将溶解度数据与乙酸浓度相关联，即：根据溶解度数据，标绘出富水相中乙酸与乙酸乙烯的关系曲线、富油相中乙酸与水的关系曲线，以备测定平衡联结线时应用。测定平衡联结线的方法是：配制一定组成的三元混合物，经搅拌接触，达到两相平衡，并静止分层后，分别取出两相样品，分析其中的乙酸含量，然后，由上述富水相或富油相的乙酸关系曲线查出另一组分的含量，并用减量法确定第三组分的含量。这样便可分别获得达到平衡时两相的组成，并据此作出平衡联结线。

【预习与思考】

① 请指出图 3-7 所示 HAc-H_2O-VAc 三元体系的总组成点在 A、B、C、D、E 各点会出现什么现象？

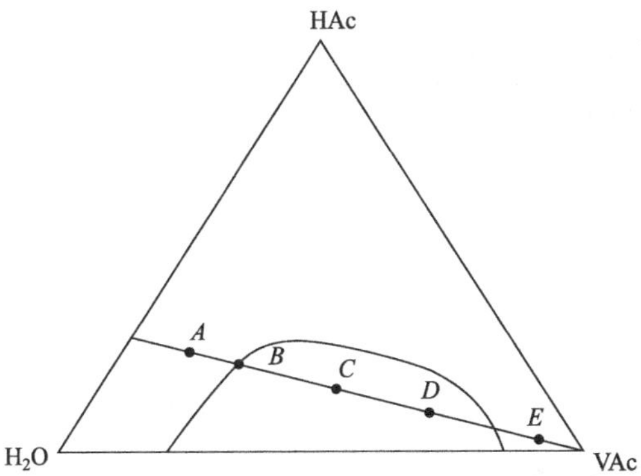

图 3-7　HAc-H_2O-VAc 的三元相图示意图

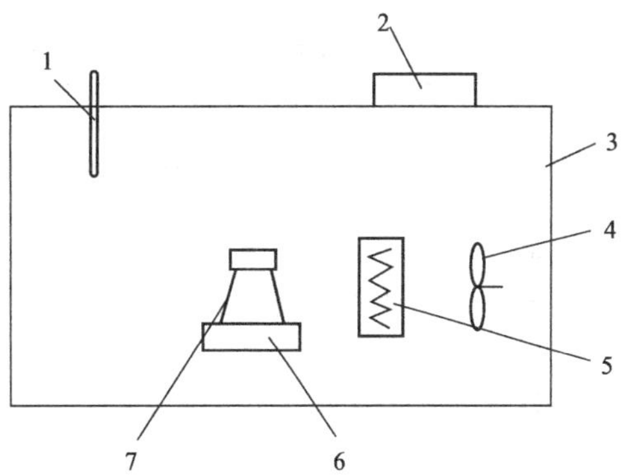

图 3-8　实验恒温装置示意图

1—半导体温度计；2—恒温控制器；3—木箱；4—风扇；5—电加热器；6—电磁搅拌器；7—锥形瓶

② 何谓平衡联结线，有什么性质？

③ 本实验通过怎样的操作达到液液平衡？

④ 拟用 0.1mol/L NaOH 滴定法测定实验系统共轭两相中乙酸组成的方法和计算式是什么？取样时应注意哪些事项，H_2O 及 VAc 的组成如何得到？

【实验装置】

① 实验恒温装置结构如图 3-8 所示。操作时，开启电加热器加热并用风扇搅动气流，

促使箱内温度均匀。箱内温度由半导体温度计测量，并通过恒温控制器进行控制。本实验温度控制在25℃。

② 实验仪器包括电光分析天平、具有侧口的100mL锥形磨口烧瓶及医用注射器等。

③ 实验用物料包括乙酸、乙酸乙烯和去离子水，它们的物理常数见表3-6。

表3-6　乙酸、乙酸乙烯和水的物理常数

品名	沸点/℃	密度 ρ/(g/cm³)
乙酸	118	1.049
乙酸乙烯	72.5	0.9312
水	100	0.997

【实验步骤】

本实验所需的乙酸-水-乙酸乙烯三元体系的溶解度数据见表3-7。实验内容主要是测定平衡联结线。首先，根据相图配制一个组成位于部分互溶区的三元溶液约30g，配制时称取各组分的量，用密度估计其体积（mL）。然后，取一干燥底部有支口的100mL锥形瓶，将下部支口用硅橡胶塞住，用分析天平称取其质量，加入乙酸、水、乙酸乙烯后分别称重，计算三元溶液的浓度。将此盛有部分互溶液的锥形瓶放入已调节至25℃温度的恒温箱，用电磁搅拌器搅拌20min，使系统达到平衡；然后，静置恒温10～15min，使其溶液分层。将锥形瓶从恒温箱中取出，用注射器分别取油层及水层，分别利用酸碱中和法分析其中的乙酸含量，由溶解度曲线查出另一组成，并算出第三组分的含量。

【实验数据处理】

① 在三角形相图中，将表3-7中给出的乙酸-水-乙酸乙烯三元体系的溶解度数据作成光滑的溶解度曲线，将测得的数据标绘在图上。

表3-7　HAc-H_2O-VAc三元体系的溶解度（质量分数）数据（298K）

序号	HAc	H_2O	VAc	序号	HAc	H_2O	VAc
1	0.05	0.017	0.933	7	0.35	0.504	0.146
2	0.10	0.034	0.866	8	0.40	0.605	0.095
3	0.15	0.055	0.795	9	0.45	0.680	0.070
4	0.20	0.081	0.719	10	0.50	0.747	0.053
5	0.25	0.121	0.629	11	0.55	0.806	0.044
6	0.30	0.185	0.185	12	0.60	0.863	0.037

② 将温度和溶液中的HAc、H_2O、VAc质量分数输入计算机，可得出两液相组成的计算值（以摩尔分数表示），可与实验值（以摩尔分数表示）进行比较。具体计算方法见本实验“附”中内容。

【结果与讨论】

① 温度和压力对液液平衡的影响如何？

② 分析实验误差的来源。

③ 试述作出本实验系统液液平衡相图的方法。

符号说明：

K——平衡常数；

x——液相摩尔分数；

γ——活度系数；

ρ——密度。

附：

三元液液平衡的推算

若已知两对互溶物质的二元气液平衡数据、对部分互溶物质的二元液液平衡的数据，应用非线性最小二乘法，可求出各对二元活度系数关联式的参数。由于 Wilson 方程对部分互溶系统不适用，因此关联液液平衡常采用 NRTL 或 UNIQUAC 方程。

当已计算出 HAc-H_2O、HAc-VAc、VAc-H_2O 三对二元体系的 NRTL 或 UNIQUAC 参数后，可用 Null 法求出平衡液相组成。

在某一温度下，已知三对二元体系的活度系数关联式参数，并已知溶液的总组成，可计算平衡液相的组成。

令溶液的总组成为 x_{if}，分成两液层，一层为 A，组成为 x_{iA}；另一层为 B，组成为 x_{iB}，设混合物的总量为 1mol，其中液相 A 占 M（mol），液相 B 占（$1-M$）(mol)。

对 i 组分进行物料衡算：

$$x_{if}=x_{iA}M+(1-M)x_{iB} \tag{3-33}$$

若将 x_{iA}、x_{iB}、x_{if}在三角形坐标上标绘，则三点应在一条直线上，此直线称为共轭线。

根据液液平衡的热力学关系式：

$$x_{iA}\gamma_{iA}=x_{iB}\gamma_{iB}$$

$$x_{iA}=\frac{\gamma_{iB}}{\gamma_{iA}}x_{iB}=K_i x_{iB} \tag{3-34}$$

式中，$K_i=\frac{\gamma_{iB}}{\gamma_{iA}}$。

将式(3-34) 代入式(3-33)

$$x_{if}=MK_i x_{iB}+(1-M)x_{iB}=x_{iB}(1-M+MK_i)$$

$$x_{iB}=\frac{x_{if}}{1+M(K_i-1)} \tag{3-35}$$

由于$\sum x_{iA}=1$ 及$\sum x_{iB}=1$

因此

$$\sum x_{iB}=\sum\frac{x_{if}}{1+M(K_i-1)}=1$$

$$\sum x_{iA}=\sum K_i x_{iB}=1$$

$$\sum x_{iB}-\sum x_{iA}=\sum\frac{x_{if}}{1+M(K_i-1)}-\sum\frac{K_i x_{if}}{1+M(K_i-1)}=0$$

经整理得：

$$\sum\frac{x_{if}(K_i-1)}{1+M(K_i-1)}=0 \tag{3-36}$$

对三元体系可展开为：

$$\frac{x_{1f}(K_1-1)}{1+M(K_1-1)}+\frac{x_{2f}(K_2-1)}{1+M(K_2-1)}+\frac{x_{3f}(K_3-1)}{1+M(K_3-3)}=0$$

式中，γ_{iA}是A相组成及温度的函数；γ_{iB}是B相组成及温度的函数；x_{if}是已知数，先假定两相混合的组成。由式(3-34)可求得K_1、K_2、K_3，式(3-36)中只有M是未知数，因此是个一元函数求零点的问题。

当已知温度、总组成、关联式常数，求两相组成的x_{iA}及x_{iB}的步骤如下：

① 假定两相组成的初值（可用实验值作为初值），求K_i，解式(3-36)中的M值。

② 求得M后，由式(3-35)得x_{iB}，由式(3-34)得x_{iA}。

③ 判据：

若
$$\left|\frac{\gamma_{iA}x_{iA}}{\gamma_{iB}x_{iB}}\right|-1\leqslant\varepsilon\text{（预先给定的任意小的正数）}$$

则得计算结果，若不满足，则由上面求出的x_{iA}、x_{iB}求出K_3反复迭代，直至满足判据要求。

3.5 氨-水系统气液吸收相平衡数据的测定

【实验目的】

① 熟悉高压平衡釜的实验操作技能。

② 掌握用静态法测定氨-水系统气液吸收相平衡数据。

③ 能够辨识氨-水高压系统吸收相平衡实验中的潜在危险因素，掌握安全防护措施，具备事故应急处置能力。

【实验原理】

气液系统的相平衡数据主要是指气体在液体中的溶解度。

当气液两相达平衡时，气相和液相中 i 组分的逸度必定相等。

$$\hat{f}_i^V=\hat{f}_i^L \tag{3-37}$$

气相中组分逸度为

$$\hat{f}_i^V=py_i\hat{\varphi}_i^V \tag{3-38}$$

式中，$\hat{f}_i^V$、$\hat{f}_i^L$分别为气相和液相中 i 组分的逸度，MPa；y_i、$\hat{\varphi}_i^V$分别为气相中 i 组分的摩尔分数和逸度系数，无量纲；p 为系统压力，MPa。

当气体溶解度较小时，液相中组成的逸度采用 Henry 定律计算：

$$\hat{f}_i^L=E_ix_i \tag{3-39}$$

式中，x_i、E_i分别为液相中组分的摩尔分数和亨利系数。

如气体在液体中具有中等程度的溶解度时，则应引入液相活度系数 γ^* 的概念，即：

$$\hat{f}_i^L=E_i\gamma_i^*x_i \tag{3-40}$$

γ_i^* 表示对亨利定律的偏差，故其极限条件为 $x_i\rightarrow 0$ 时，$\gamma^*\rightarrow 1$。

由式(3-37)～式(3-39) 可得气液平衡基本关系式：

$$y_i=\frac{E_i}{\hat{\varphi}_i^V p}x_i \tag{3-41}$$

或

$$y_i=\frac{E_i\gamma_i^*}{\hat{\varphi}_i^V p}x_i$$

当气相为理想溶液时，$\hat{\varphi}_i^V=\varphi_i$，若气相为理想气体的混合物，$\hat{\varphi}_i^V=1$，此时气相分压 p_i 如下式所示：

$$p_i=py_i=E_ix_i$$

此式是在低压下，使用很广泛的气液相的平衡关系式。

亨利定律也常用摩尔浓度表示：

$$\hat{f}_i^V=H_ic_i$$

式中，c_i 为气体在溶液中的溶解度，$kmol/m^3$；H_i 为气体在溶液中的溶解度系数，$MPa\cdot m^3/kmol$。

在低压下，同样可应用下式：

$$p_i = H_i c_i \tag{3-42}$$

根据相律，$F=C-\pi+2$，即自由度=独立组分数－相数+条件数。二组分系统气液平衡时，自由度为2，即在温度 T，压力 p，液相组成 x_1、x_2 及气相组成 y_1、y_2 共6个变数中，指定任意2个数据，则其余4个变数都将确定。对于一定的系统，其挥发组分的平衡分压与总压、平衡温度及溶液组成有关。在较低压力下，总压的影响可以忽略。故在实验中，为使气相组成测定准确，必须使温度和液相组成保持稳定。

测定溶液挥发组分平衡分压的方法有静态法、流动法和循环法。

本实验采用静态法，在定温度、加压条件下测定氨-水系统的气相平衡分压，以获取液相组成和平衡分压的关系。

静态法是在密闭容器中，一定温度下使气液两相在充分接触、经一定时间后体系达到平衡，用减压抽取法迅速取出气、液两相试样，经分析后得出平衡分压与液相组成的关系。此法流程简单，只需一个密闭容器即可。

【预习与思考】

① 测定气液吸收相平衡数据的方法有哪几种？分别说明它们的实验原理和基本装置、适用范围。

② 氨水操作时的安全注意事项有哪些？

③ 怎样进行设备的气密性检查？

【实验装置】

实验装置如图3-9所示。本实验是在加压条件下测定平衡氨分压，故高压釜是测定气液相平衡数据的主要装置，根据增加气液接触方式的不同有电磁搅拌式、振荡式、机械旋转式、摇摆式以及气相或液相循环式等。电磁搅拌式是常用的相平衡测定装置，它结构简单，但达平衡的时间较长。本实验采用电磁搅拌式高压釜。

电磁搅拌式高压釜配备有电磁搅拌器及其控制仪、电加热及其温度控制装置、加料装置及气液相样品的测定装置。

【实验步骤】

(1) 实验操作

① 把清洗干净的高压釜按照图3-9安装好，并进行气密性检查。

② 先向高压釜液相管中加入一定量的水，然后用真空泵从气相管将釜中空气抽空，再用小钢瓶准确地向液相管中加入液氨，其量由二次称量相减得到，即配制成一定浓度的氨水。

③ 将气相、液相取样管装好，高压釜放入恒温槽内，开动电磁搅拌器。

④ 测定在30℃、35℃、40℃下的平衡压力，并分析40℃平衡条件下的液相和气相组成。

(2) 实验分析

① 仪器及试剂

a. 5mL 移液管2支；

b. 2.0mol/L及0.6mol/L H_2SO_4 标准溶液，0.3mol/L NaOH标准溶液；

c. 取样瓶4只；

d. 电光天平（称重200g，精度±0.1mg）1台；

e. 50mL 酸式、碱式滴定管各1支。

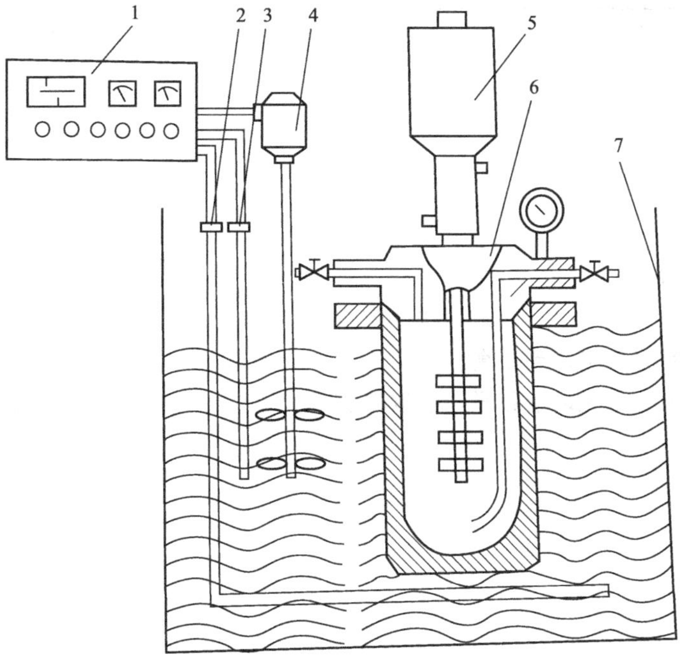

图 3-9　气液相平衡数据测定装置

1—控制器；2—加热器；3—测温元件；4—搅拌器；5—电磁搅拌器；6—高压釜；7—恒温槽

② 分析方法

a. 液相用移液管吸取 2.0mol/L H_2SO_4 标准溶液 5mL 放入取样瓶中，并加数滴甲基橙指示剂，然后接入高压釜上的液相取样管上，取样约 1g，根据溶液的颜色决定用酸或碱回滴求得液相的组成。

b. 气相用移液管吸取 0.6mol/L H_2SO_4 标准溶液 5mL，其他操作与液相分析操作相同。

【实验报告】

① 说明本实验的目的、装置及方法。

② 记录实验数据。

③ 根据分析数据，计算出气、液相组成及气相中氨分压。

④ 实验结果讨论。

【实验数据记录】

实验数据记录见表 3-8 和表 3-9。

表 3-8　氨-水系统气液吸收相平衡数据测定实验数据

日期＿＿＿＿＿＿＿；实验人员＿＿＿＿＿＿＿；室温/℃＿＿＿＿＿＿＿；

大气压/MPa＿＿＿＿＿＿＿；水加入量＿＿＿＿＿＿＿；氨加入量＿＿＿＿＿＿＿

编号	平衡温度/℃	平衡压力/MPa
1		
2		
3		

表 3-9 取样分析记录

样品	取样前重/g	取样后重/g	取样量/g	消耗酸体积/mL	消耗碱体积/mL	分析结果
液相样(1)						
液相样(2)						
气相样(1)						
气相样(2)						

【结果与讨论】

① 为加速系统达到平衡，常采用哪些方法？

② 如何判断实验系统达到平衡？

③ 取样时，为什么先取液相样，后取气相样？

3.6 二氧化碳临界状态观测及 p-V-T 关系测定

【实验目的】

① 加深对纯流体热力学状态中凝结、汽化、饱和等概念的理解。

② 了解 CO_2 临界状态的观测方法，增加对临界状态的感性认识。

③ 掌握 CO_2 的 p-V-T 关系测定方法，测定临界参数 p_c、V_c和 T_c，学会用实验测定实际气体状态变化规律的方法和技巧。

④ 能够使用相关软件在 p-V 图上绘制 CO_2 等温线。

【实验原理】

临界状态是指纯物质的气、液两相平衡共存的极限热力学状态。此时，饱和液体与饱和蒸气的热力学状态参数相同，气液间的分界消失。超临界流体是指温度和压力均高于其临界温度（T_c）和临界压力（p_c）的流体。它既具有液体对溶质有比较大溶解度的特点，又具有气体易于扩散和运动的特点，传质速率大大高于液相过程。更重要的是，临界点附近的超临界流体具有性质可调性，即可以根据需要改变温度和压力，来调节其密度、黏度、扩散系数、溶解度等性质。因此，超临界流体对选择性分离和特定条件下的反应具有独特的优势。CO_2 具有较温和的临界条件，密度大、溶解能力强、传质速率高，且不可燃、无毒、性质稳定、价廉易得，是目前应用最广的超临界流体。本实验拟测定 CO_2 在不同温度条件下 p-V 之间的关系，从而找出 CO_2 的 p-V-T 的关系，拟达到以下实验目的。

纯物质的临界点表示气液两相平衡共存的最高温度（T_c）和最高压力点（p_c）。纯物质所处的温度高于 T_c，则不存在液相；压力高于 p_c，则不存在气相；同时高于 T_c和 p_c，则为超临界区。

本实验拟测量三种温度条件下的等温线，其中 $T>T_c$，$T=T_c$和 $T<T_c$，其中 $T>T_c$等温线，为一光滑曲线；$T=T_c$等温线，在临界压力附近有一水平拐点，并出现气、液不分现象；$T<T_c$等温线，分为三段，中间一水平段为气、液共存区。当纯流体处于平衡状态时，其状态参数 p、V、T 之间存在以下关系：

$$F(p,V,T)=0 \text{ 或 } T=f(p,V) \tag{3-43}$$

由相律可知，纯流体在单相区，自由度为 2，当温度一定时，体积随压力而变化；在二相区，自由度为 1，温度一定时，压力一定，仅体积发生变化。本实验就是采用定温方法来测定 CO_2 的 p-V 之间的关系，从而进一步确定 CO_2 的 p-V-T 的关系。

【预习与思考】

① 超临界流体的特征是什么？常用超临界流体有哪些？

② 二氧化碳流体处于临界点会出现什么现象？

③ 超临界萃取技术相对于传统萃取技术的优点是什么？

【实验装置】

实验装置由低温恒温水浴、实验台本体和压力台三大部分组成，如图 3-10 所示；实验台本体如图 3-11 所示。由于实验在一定压力条件下完成，实验台本体外侧常用有机玻璃罩进行防护。

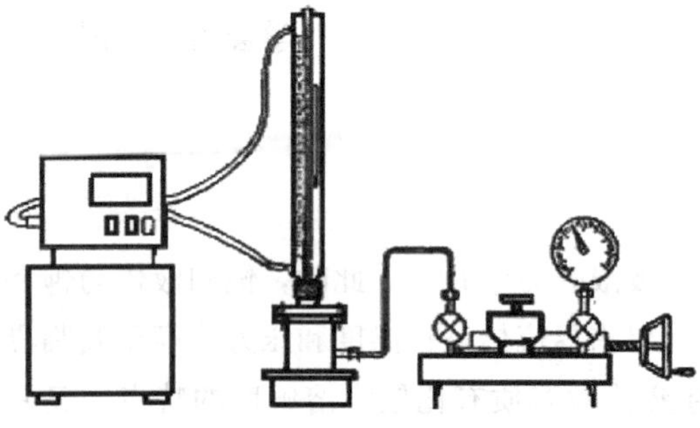

图 3-10　CO_2 p-V-T 的关系实验装置

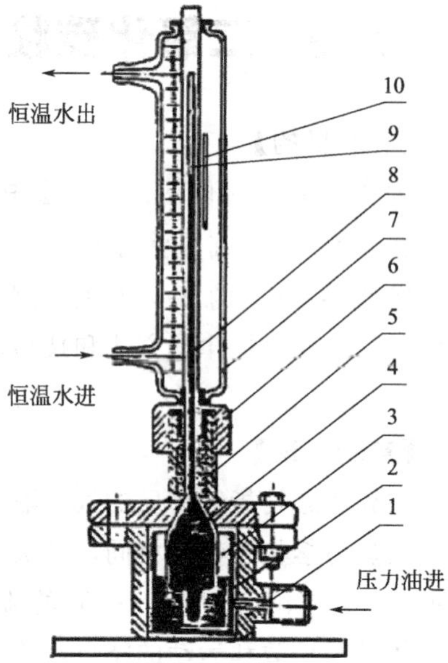

图 3-11　实验台本体

1—高压容器；2—玻璃杯；3—压力油；4—水银；5—密封填料；6—填料压盖；7—恒温水套；8—承压玻璃管；9—CO_2；10—精密温度计

实验中由压力台送来的压力油进入高压容器和玻璃杯上半部，迫使水银进入预先装了 CO_2 气体的承压玻璃管（毛细管），CO_2 被压缩，其压力和容积通过压力台上的活塞杆进退来调节，温度由恒温器供给的水套里的水来调节，水套中的水由恒温水浴提供。

CO_2 的压力数据由装在压力台上的精密压力表读出，温度数据由插在恒温水套中的精密温度计读出。比容首先由玻璃毛细管内二氧化碳柱的高度来度量，而后再根据玻璃毛细管内径均匀、截面积不变等条件换算得出。

【实验步骤】

① 安装并检查实验设备。

② 打开恒温水浴，调节控制恒温水到所要求的实验温度，以恒温水套内温度计为准。

③ 加压前的准备——抽油充油。

a. 关闭压力表下部和进入实验台本体油路的两个阀门，开启压力台上油杯的进油阀。

b. 摇退压力台上的活塞螺杆，直至螺杆全部退出，此时压力台油缸中抽满了油。

c. 先关闭油杯的进油阀，然后开启压力表下部和进入本体油路的两个阀门。

d. 摇进活塞螺杆，使本体充油，直至压力表上有压力读数显示、毛细管下部出现水银为止。

e. 如活塞杆已摇进到头，压力表仍无压力读数显示、毛细管下部未出现水银，则需要重复步骤 a～e。注意，实验压力不能超过玻璃毛细管的承压极限。

f. 再次检查油杯的进油阀是否关闭、压力表下部及本体油路阀门是否开启、温度是否达到所要求的实验温度，如条件已调定，则可进行下一步实验测定。

④ 测定毛细玻璃管内 CO_2 的质面比常数 K。由于充进毛细管内的 CO_2 的质量不便测量，而毛细管内径（截面积）不易测准，本实验采用间接法来确定 CO_2 的比容。假定毛细管内径一致，CO_2 比容和高度呈正比，具体方法如下：

a. 查阅文献，当温度为 25℃、压力为 7.8MPa 时，纯 CO_2 液体的比容 $V=0.00124\text{m}^3/\text{kg}$。

b. 当温度为 25℃、压力为 7.8MPa 时，实验测定 CO_2 液柱高度 $\Delta h_0=h'-h_0$。式中，h_0为毛细管内径顶端的刻度（扣除尖部长度）；h'为 25℃、7.8MPa 条件下水银柱上端液面刻度。

假设毛细管内 CO_2 的质量为 m(kg)、毛细管截面积为 A(m^2)，则 CO_2 的比容 V：

$$V=\frac{\Delta h_0 A}{m}=0.00124\text{m}^3/\text{kg} \tag{3-44}$$

毛细管内 CO_2 的质面比常数 K：

$$K=\frac{m}{A}=\frac{\Delta h}{0.00124} \tag{3-45}$$

那么任意温度、压力下 CO_2 的比容为：

$$V=\frac{\Delta h}{m/A}=\frac{\Delta h}{K}=\frac{h-h_0}{K} \tag{3-46}$$

式中，h 为任意温度、压力下毛细管内水银柱高度。

⑤ 测定 25℃时的等温线（$T<T_c$）。

a. 调节恒温水浴，使恒温水套温度维持在 25℃，并保持恒定。

b. 逐渐增加压力，压力至 4MPa 左右（毛细管下部出现水银）开始读取相应水银柱上端液面刻度，记录第一个数据点。读取数据时，一定要有足够的平衡时间，保证温度、压力和水银柱高度恒定。

c. 按照压力间隔 0.3MPa，逐步提高压力，测定第二、第三……数据点。注意加压时，应缓慢地摇进活塞杆，以保证定温条件，水银柱高度稳定在一定数值时再读数。

d. 密切观察并及时记录 CO_2 液化、完全液化现象；当出现第一个 CO_2 液滴时，应适当降低压力，平衡一定时间，准确记录压力和相应的水银柱高度；当最后一个 CO_2 气泡消失时，应记录压力和相应的水银柱高度。这两点压力应接近相等，测量时可交替进行升压和降压操作。

e. 当 CO_2 全都液化后，继续按压力间隔 0.3MPa 左右升压，直至压力达到 8MPa（毛细管最大承压 8.5MPa 左右）。

⑥ 测定 31.1℃时的等温线（$T=T_c$），观察临界现象。

a. 调节恒温水浴，使恒温水套温度维持在 31.1℃，按照上述⑤的方法测定临界线，注意在曲线的拐点（$p=7.376$MPa）附近，将调压间隔降为 0.05MPa，缓慢调整压力，有利于较准确地确定临界压力和临界比容，较准确地描绘出临界等温线上的拐点。

b. 临界乳光现象。保持临界温度不变，摇进活塞杆使压力升至 8MPa 附近处，然后快速摇退活塞杆降压（注意勿使实验台本体晃动），此时玻璃管内将出现圆锥状的乳白的闪光现象，这就是临界乳光现象。这是由于 CO_2 分子临界点附近气体密度涨落很大，使散射增强，原来清澈透明的气体或液体变得混浊起来呈现出乳白色。可以反复几次，观察这一现象。

c. 整体相变现象。临界点附近，汽化热接近于零，饱和气相线合于一点，这时的气、液相互转变不像临界温度以下时那样逐步积累，表现为渐变过程，这时压力有微小变化时，气、液以突变的形式相互转化。

d. 气、液两相模糊不清现象。处于临界点的 CO_2 具有共同参数（p，V，T），不能区

别此时 CO_2 是气态还是液态的，应该按绝热过程来进行观察。

首先调节压力处于 7.4MPa（p_c）左右，快速降压（此时毛细管内 CO_2 未能与外界进行充分的热交换，温度下降），CO_2 状态点沿绝热线降到二相区，管内 CO_2 出现了明显的液面，这就说明，此时 CO_2 气体离液区很接近；当快速升压，这个液面又立即消失了，这就说明，此时 CO_2 液体离气区很接近。CO_2 既接近气态又接近液态，所以只能处于临界点附近，因此可以说，临界状态流体是一种气、液不分的流体，这就是临界点附近饱和气、液模糊不清的现象。

⑦ 测定 35℃时的等温线（$T>T_c$）。调节恒温水浴，使恒温水套温度维持在 35℃，按上述⑤相同的方法进行。

【实验数据记录】

实验数据记录见表 3-10。

表 3-10 不同温度下 CO_2 的 p-V 数据测定结果

室温：________℃；大气压：________MPa；毛细管内部顶端的刻度 h_0=________m；

25℃、7.8MPa 下 CO_2 柱高度 Δh_0=________m；质面比常数 K=________kg/m²

序号	$p_{绝}$/MPa	Δh/m	$V=\frac{\Delta h}{K}$/(m³/kg)	现象

【实验数据处理】

① 计算毛细管内 CO_2 的质面比常数 K。

② 按照数据记录表，在 p-V 坐标系中画出三条等温线。

③ 将实验测得等温线与标准等温线比较，分析它们之间的差异及原因。

【结果与讨论】

① 质面比常数 K 值对实验结果有何影响？为什么？

② 为什么测定 25℃等温线时，严格讲，出现第一个小液滴时的压力和最后一个气泡消失时的压力应相等？（试用相律分析）

③ 分析实验误差和引起误差的原因。

④ 提出实验装置的改进意见。

第4章 化学反应工程实验

4.1 沸石催化剂的制备与成型

【实验目的】

① 熟悉使用离子交换法制备Y型沸石催化剂的原理及方法。

② 熟练掌握催化剂挤条成型的方法。

【实验原理】

Y型沸石的结构属于密堆立方晶系结构，类似于金刚石的结构。其成分Si/Al比为1.5～3.0，主要通道孔径约8～9Å（1Å＝0.1nm＝10^{-10}m）。在八面沸石型分子筛晶胞结构中，阳离子的分布位于六方柱笼中心的$S_{Ⅰ}$，位于β笼的六元环中心的$S_{Ⅱ}$，位于八面沸石笼中靠近β笼的四元环上的$S_{Ⅲ}$。

Y型沸石催化剂的制备过程包括：

样品→离子交换→洗涤→过滤→干燥→成型→焙烧→成品

(1) 离子交换

分子筛的离子交换常用的是酸交换或铵交换，酸交换可用无机酸（H_2SO_4、HCl、HNO_3），或有机酸（酒石酸、醋酸等）。例如使用无机酸HCl进行交换的反应式如下：

$$NaY + HCl \rightleftharpoons HY + NaCl$$

酸交换时，沸石晶格上的铝能被H^+取代从而成为脱铝沸石。

铵交换就是用铵盐进行离子交换反应，交换时不会脱铝。例如用NH_4Cl溶液交换的反应式如下：

$$NaY + NH_4Cl \rightleftharpoons NH_4Y + NaCl$$

NH_4Y在300～500℃下焙烧，即可转变成具有酸性催化剂性能的HY型。

$$NH_4Y \xrightarrow{\text{加热 } 300\sim500℃} HY + NH_3$$

离子交换反应可逆，需要进行多次交换才能达到较高的交换度。溶液的浓度、交换时间、交换温度、交换次数等因素对钠的交换率都有影响。另外，在离子交换过程中，位于小笼中的钠离子一般很难被交换出来，可进行中间焙烧，使残留的Na^+重新分布，移入易交换的位置，然后再用铵溶液交换，这样可以大大提高交换度。

(2) 成型

工业上使用的催化剂，常用的有球状、条状、粒状、柱状、环状、中空状等。加入一定量的黏合剂可将离子交换干燥后的粉末状分子筛塑成合适的形状。如将粉末状分子筛和黏合剂充分混合均匀，用螺杆挤条机挤条成型。

(3) 焙烧

把催化剂在一定反应温度下进行焙烧，可进一步提高催化剂的活性，保持催化剂的稳定性和增强催化剂的机械强度。用铵盐交换得到的铵型 Y 型沸石，进行焙烧后，铵型会变成氢型。如果温度进一步提高，则可进一步脱水，出现路易斯酸中心。

【预习与思考】

① 如何制备双功能分子筛催化剂？

② 分子筛催化剂的酸性是如何形成的？

③ 成型时选择黏合剂应满足哪些条件？请举几种黏合剂。

④ 为了提高离子交换率，可采用哪些措施？如何测定交换率？

【实验装置】

离子交换装置如图 4-1 所示。

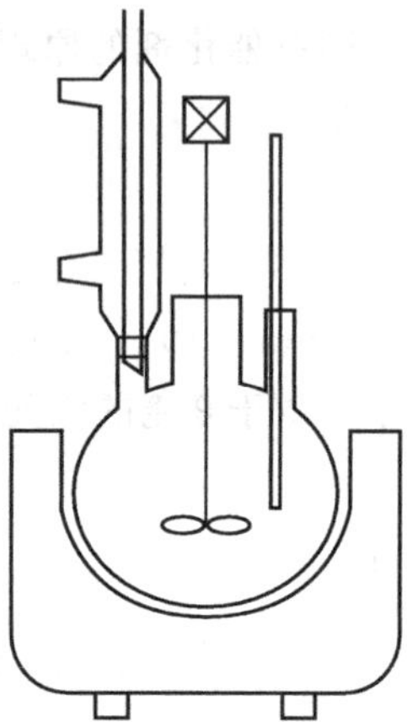

图 4-1 离子交换装置

【实验步骤】

(1) 离子交换

称取 50g NaY 分子筛放入三口烧瓶中，量取 1mol/L NH_4Cl 溶液 500mL 加入三口烧瓶中。将三口烧瓶放入电热锅中，安装好回流冷凝器、接触温度计、搅拌器、水银温度计，打开冷却水。启动搅拌器，加热升温，在 100℃下搅拌 1h，然后停止搅拌，降温。卸下回流冷凝器、温度计和搅拌器，待分子筛分层后，分出上层清液，然后按照上述方法步骤，重新加入 500mL 1mol/L NH_4Cl 溶液进行第二次交换，第二次交换完成后，温度降至 40～50℃时，进行洗涤过滤。

(2) 洗涤过滤

用布氏漏斗对上述样品进行抽真空过滤，接近滤干时，均匀淋入 100mL 蒸馏水，继续滤干。之后，取出滤饼，放入 500mL 烧杯内，加入 300mL 蒸馏水，用玻璃棒捣碎滤饼进行洗涤，再真空抽滤。重复上述操作，直到用 $AgNO_3$ 溶液检测滤液中无氯离子，洗涤完毕。

取出滤饼在 120℃下烘干。

（3）成型

研细烘干后的分子筛，以质量比为 4∶1 的比例加入氧化铝黏合剂，均匀混合后，加入少量水进行捏和，将充分捏和后的物料放入挤条机中进行挤条成型，之后将成型的催化剂烘干并粉碎成一定大小的颗粒，以备活化。

（4）焙烧

将催化剂盛入坩埚内，放于马弗炉中。将马弗炉程序升温至 500℃±5℃，焙烧 4h，之后，自然降温至 120～140℃，取出坩埚，冷却，得到焙烧后催化剂，备用。

【结果与讨论】

① 记录成型后催化剂的外观形状和尺寸。

② 列出本实验的实验条件和实验数据。

4.2 多孔催化剂孔径分布及比表面积的测定

【实验目的】

① 了解测定孔径分布及比表面积的原理。

② 熟悉双气路色谱法测定孔径分布及比表面积的方法。

③ 掌握孔径分布及比表面积的计算方法。

【实验原理】

根据毛细管凝聚的原理来测定固体催化剂的孔径分布。假设许多半径不同的圆筒孔来代表多孔固体的孔隙，按大小将这些圆筒孔又分成许多不同组。在一定温度下（例如液氮温度下）的某一气体（例如氮气）环境中，有一部分气体在孔壁吸附，如果该气体冷凝后对孔壁可以润湿的话（例如液氮在大多数固体表面上可以润湿），则随着该气体的相对压力逐渐升高，除各孔壁对氮的吸附层厚度相应地逐渐增加外，还同时发生毛细管凝聚现象，半径越小的孔，越先被凝聚液充满。随着气压不断升高，半径较大一些的孔也被冷凝液充满，当相对压力达到 1 时，则所有的孔都被充满，并且在所有表面上都发生凝聚。被凝聚孔的大小与相对压力间的关系，可以用开尔文公式表示：

$$\ln \frac{p_{N_2}}{p_s} = -\frac{2\delta v_m \cos\varphi}{r_k RT} \tag{4-1}$$

式中，p_{N_2}为氮气的分压；p_s为氮气的饱和蒸气压；v_m为凝聚液的摩尔体积；δ 为表面张力；φ 为接触角；R 为气体常数；r_k 为开尔文半径；T 为热力学温度。

在吸附质为 N_2 及液氮正常沸点的情况下有：

$$r_k = \frac{4.14}{\lg(p_{N_2}/p_s)} \tag{4-2}$$

当在某一 p_{N_2} 值时，毛细管解除凝聚后，管壁还保留与当时相对压力相应的吸附层，所以孔半径 r 等于开尔文半径 r_k 与吸附层厚度 t 之和。

$$r = r_k + t \tag{4-3}$$

随着相对压力逐步降低，除与之相应的开尔文半径的毛细管解除凝聚外，已解除凝聚的毛细管壁的吸附层也逐渐减薄，所以脱附出的气体量是这两部分贡献之和。以氮为吸附质时，郝尔赛（Halsey）公式所描述的吸附层厚度为：

$$t = \frac{5.57}{\frac{1}{3}\lg \frac{p_{N_2}}{p_s}} \tag{4-4}$$

式(4-2)～式(4-4) 是计算孔径分布的基本关系式，可通过改变相对压力分别测出充满各不同半径的毛细孔的凝聚液体积，便可得到这些不同半径毛细孔的孔容积分布。测定固体催化剂的比表面积是基于 BET 的多层吸附理论。在液氮温度下待测固体对 N_2 发生多层吸附，其吸附量 V_d与 N_2 的相对压力 p_{N_2}/p_s有关，其关系式称为 BET 公式：

$$\frac{p_{N_2}/p_s}{V_d(1-p_{N_2}/p_s)} = \frac{1}{V_m C} + \frac{C-1}{V_m C} \times \frac{p_{N_2}}{p_s} \tag{4-5}$$

式中，V_m为覆盖单分子层时的饱和吸附量；C 为与吸附有关的常数。

实验得到与各相对压力 p_{N_2}/p_s 相应的吸附量 V_d 后，根据 BET 公式将 $\dfrac{p_{N_2}/p_s}{V_d(1-p_{N_2}/p_s)}$ 作图得到一条直线，其斜率为：$a=\dfrac{C-1}{V_mC}$，截距为 $b=\dfrac{1}{V_mC}$，由斜率和截距求得单分子层饱和吸附量 V_m：

$$V_m=\frac{1}{a+b} \tag{4-6}$$

若知每个被吸附分子的截面积，可求出催化剂的比表面积，即

$$S_g=\frac{V_mN_AA_m}{22400W}\times10^{-18} \tag{4-7}$$

式中，S_g 为催化剂比表面积，m^2/g；N_A 为阿伏加德罗常数，$6.023\times10^{23}mol^{-1}$；$A_m$ 为被吸附气体分子的横截面积，nm^2；W 为催化剂样品量，g。

当吸附质为 N_2 时，该式可简化为：

$$S_g=4.36\frac{V_m}{W} \tag{4-8}$$

BET 公式适用范围为 $p_{N_2}/p_s\approx0.05\sim0.35$。

【实验装置】

本实验用Ⅱ2300 比表面积测定仪，测量原理图和流程示意图见图 4-2 和图 4-3。

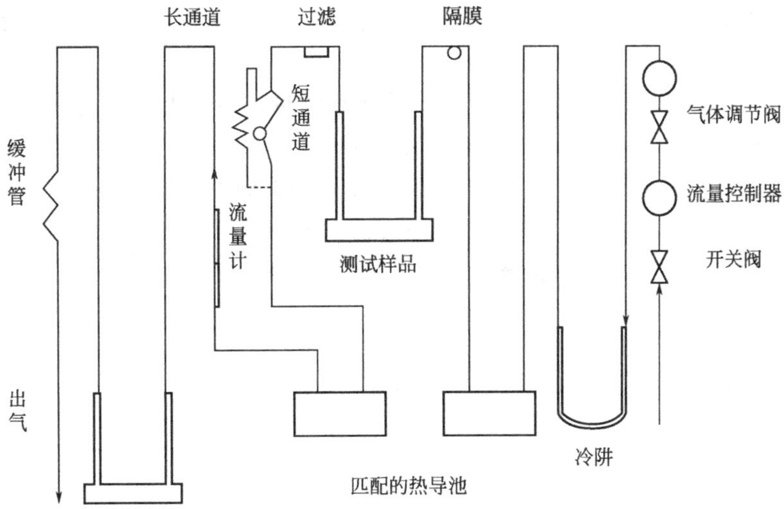

图 4-2　比表面积测量原理示意图

【实验步骤】

(1) 仪器操作前的注意事项

① 必须由质量流量计的校核公式算出其相应的显示流量，进而控制 N_2、He 的实际流量。

② 在气体混合器内装入干燥剂。因为混合气体进吸附仪前必须干燥，水蒸气的存在会使测量结果有很大的误差。

③ 在进行正式操作前需将吸附仪通气约 40min 清除仪器管道内的空气和残余气体。

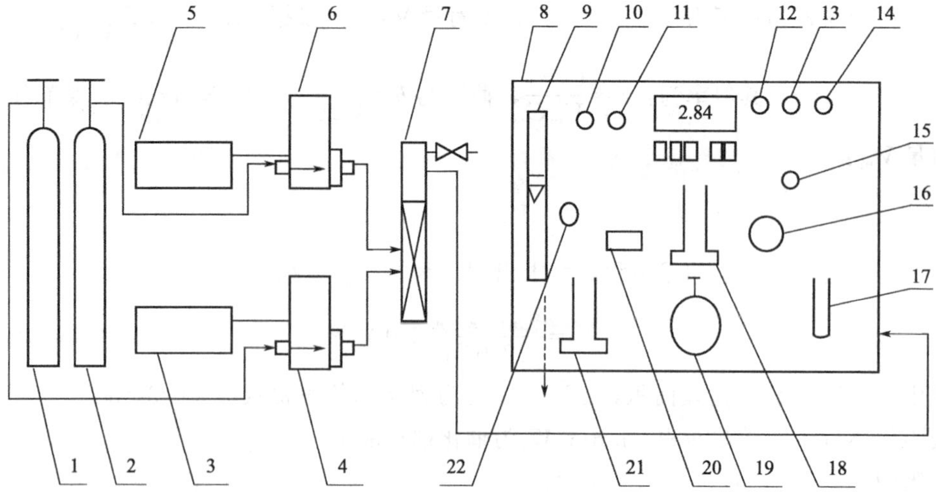

图 4-3　比表面积测量流程示意图

1—氦气瓶；2—氮气瓶；3—2＃流量显示仪；4—2＃质量流量计；5—1＃流量显示仪；6—1＃质量流量计；7—气体混合器；8—吸附仪Ⅱ2300；9—转子流量计；10—指示灯；11—表面积清零键；12—校核键；13—细调零键；14—粗调零键；15—注射口；16—冷阱；17—长短通道旋钮；18—测试样品管；19—杜瓦瓶；20—温度设定键；21—除气样品管；22—流量调节旋钮

④ 冷阱处必须放液氮，且液氮不能太少，液氮的液面离杜瓦瓶顶端约 1～2cm 为宜，否则会引起零点的漂移。

⑤ 长短通道的选择：较大的比表面积或孔体积测量，因放出太多气体而需要的时间较长，则只能用长通道；较小的比表面积测量用短通道。

⑥ 所测样品应预先进行干燥，然后在 DEGAS 处加热除气。一般来说，对较小比表面积的样品，要求在 250℃的温度下加热除气 30min；对较大比表面积的样品，要求在 300℃下加热除气约 4h，但主要还是根据被测样品的物性来决定加热除气时间。

⑦ 此仪器测量比表面积的范围为 0.1～280m^2/g，但在 0.5～25m^2/g 内（短通道）测量更准确且迅速。

⑧ INJECT 处的隔膜如漏气，则需立即更换。

⑨ 做实验前必须准备好高纯氮气、氦气、液氮，且注意液氮不要溅落到皮肤上，手不触碰液氮，以免严重冻伤。

（2）样品测定前期的仪器操作过程及方法

① 气体流量控制的操作步骤

a. 检查质量流量控制器与流量显示仪的对应接头是否接好。

b. 开机。将显示仪后板上的流量设定开关转向“内”端。插上总电源插头，将流量显示仪上的红色电源开关置于“通”上。

c. 调零。将显示仪上的控制阀开关置于“关闭”位，将流量设定钮旋到零，观察流量显示屏是否为零。若不为零，则必须进行零点调整。可通过显示仪面板上的“调零”电位器调零（向左调时，显示数字的绝对值将变大，向右调时，显示数字变小）。注意，调零时不能通气。

d. 开气。先关闭钢瓶上的减压阀，打开钢瓶上的总阀后，再将减压阀打开。由于所需压力很小，故减压阀的分压表不会有压力的明显指示，当显示仪面板上的阀门控制开关置于“阀控”位时，其显示流量能达到或稍大于满量程50SCCM（标准毫升/分钟）时，即表明减压阀上的分压达到工作值。

e. 通气。先将1#和2#流量显示仪上的阀门控制开关都置于“清洗”位，打开气体混合器上的放空阀以排除空气。

f. 在通气的情况下，将显示仪的阀门控制开关置于“阀控”位，分别调节两台显示仪的“流量设定”旋钮至要求值。

对 N_2 而言（1#流量计确定为通 N_2），有 $y_{显}=x_{实}/1.134$；

对He而言（2#流量计确定为通He），有 $y_{显}=x_{实}/1.487$。

例：在单点比表面积测量时，混合气的总流量为30SCCM，由于混合气的组成为30% N_2、70%He，则

调节1#流量计（通 N_2 气）的流量显示为

$$y=30\times 30\%/1.134=7.94(\text{SCCM})$$

调节2#流量计（通He气）的流量显示为

$$y=30\times 70\%/1.487=14.1(\text{SCCM})$$

g. 20min后，关闭混合器的放空阀，打开吸附仪右下部的进气开关（GAS），通气至少20min以上以清除空气和残余气体。

② 吸附仪的操作

a. 打开仪器右下部的电源开关。

b. 在TEST位置和DEGAS位置分别安装好干燥、干净的空样品管。

c. 把U形管置于标有COLD TRAP的位置，务必把两端全部插入，旋紧螺帽密封。

d. 在杜瓦瓶内放入足够的液氮置于COLD TRAP位置。

e. 调节吸附仪前面板左边的流量控制开关（FLOW），使转子流量计的浮子位于黄线的附近。

f. 短通道应除气5min，长通道应除气15min，两者都要进行。

③ 样品准备

a. 将某一空样品管取下，在分析天平上准确称出样品管的重量。

b. 把要分析的样品装入样品管中（注意不要装得太满，以免堵塞气体的流通）。

c. 将装有样品的样品管小心插入样品架中，旋紧螺帽，然后插入DEGAS位置。

d. 将加热套置于装有样品的样品管上，通过TEMP. SET键选择所需温度，加热除气。

e. 装有样品的样品管在测量完比表面积后再去分析天平上称重，以得出样品的净重（g）。

④ 吸附仪的校核

a. PATH置于短通道（SHORT）。

b. 确认流量计浮子位于黄线中间或其附近，按下DET键和×1挡。

c. 用COARSE ZERO粗调零，然后用FINE ZERO细调零，使显示屏显示为0（观察5min，使显示屏数据变化不超过±0.01）。

d. 按下SURFACE AREA键和CLEAR SA DISPLAY键，使显示屏显示为零。

e. 用1mL注射器抽取1mL液氮，从INJECT处中速注入1mL液氮，注完后取出。

注：根据 $S=2.84V$，$V=1\text{mL}$（液氮），与1mL液氮相当的比表面积的理论值为 $2.84\text{m}^2/\text{g}$。

f. 1min后，THRESHOLD灯开始闪烁，约2min后，该灯有15～20s不闪烁，按下

DES 键显示数据在±0.02 以下，则说明记数已完成。

g. 再按下 SURFACE AREA 键，调节 CALIBREATE 旋钮，使显示屏上的数值为 2.84（与 1mL 氮气相当的表面积为 2.84m^2），说明仪器基准正常。

h. 重复步骤 d～g 一次。

(3) 测定比表面积的方法与步骤

① 调节 FLOW 旋钮，使浮子处于黄线刻度。

② 将样品管从 DEGAS 位置移到 TEST 位置，同时在 DEGAS 位置放一空样品管。

③ 注意 COLD TRAP 处杜瓦瓶内液氮的液面，液氮的液面离杜瓦瓶顶端约 1～2cm，如不足则添加液氮至适当位置。

④ 按下 DET 键和×1 挡，查看显示屏数值应在±0.02 以下。

⑤ 按下 SURFACE AREA 键与×1 挡；按下 CLEAR SA DISPLAY 键，使显示屏显示为零。

⑥ 在 TEST 位置放置好装有液氮的杜瓦瓶，将杜瓦盘推上。

⑦ 1min 后（长通道为 8min），THRESHOLD 灯开始闪烁，约 2min 后，该灯有 15～20s 不闪烁，按下 DET 键显示数据在±0.02 以下，则说明记数已完成，显示值即为吸附值。按下 CLEAR SA DISPLAY 键，清除吸附显示结果。

⑧ 移走液氮，把杜瓦瓶放下，用一烧杯装水将样品升至室温。注意杜瓦瓶不能推上。

⑨ 调节 FLOW 旋钮，使浮子处于黄线刻度。1min 后，THRESHOLD 灯开始闪烁，约 2min 后，该灯有 15～20s 不闪烁，按下 DET 键显示数据在±0.02 以下，则说明记数已完成。记数终止后，记录显示屏上的脱附数值。注意，脱附值应与吸附值基本一致或略大于吸附值。

⑩ 重复步骤⑥～⑨。

⑪ 取下样品管，在分析天平上准确称出样品管与样品的总重，最后算出样品的实际重量。

通过实验得知：

a. 对于比表面积较小的样品（0.5～25m^2/g），样品的比表面积的测定值与样品比表面积的实际值基本一致，几乎没有误差。

b. 对于比表面积较大的样品（200m^2/g 以上），样品的比表面积的测定值与样品比表面积的实际值有差别和误差，其计算式为：

$$实际比表面积(m^2/g)=仪器屏显示表面积/(1+0.14)$$

【实验数据处理】

按表 4-1 内容做实验记录，并进行计算整理。

表 4-1 比表面积与孔径分布的实验记录及计算表

样品名称______；样品质量______ g；纸速______ mm/h；p_s______ MPa；p_a______ MPa；
室温______ K；仪器常数______ min/(μV·s)；γ=______；桥流______ mA；衰减______

序号	R_c	R_{N_2}	R_{He}	R_t	α	A_d	A_c	V_d	p_{N_2}/p_s	$\frac{p_{N_2}/p_s}{V_d(1-p_{N_2}/p_s)}$

计算比表面积时，取相对压力 p_{N_2}/p_s 在 0.05～0.35 范围内的实验数据，对 p_{N_2}/p_s-$\frac{p_{N_2}/p_s}{V_d(1-p_{N_2}/p_s)}$ 作图，求得斜率和截距，然后按式(4-6)～式(4-8) 求得比表面积。

关于孔径分布的具体计算方法是较为复杂的。先将孔径由大到小依次分组，增加相对压力使所有的孔都充满凝聚液，然后逐次降低相对压力，使凝聚液按次序释放出来。

若假设：ΔV_i 为第 i 组孔的比体积，mL/g；$\Delta\mu_i$ 为第 i 次脱附及解除凝聚释放出来的换算成液态体积的吸附质的量，mL/g。

并令 $R_i=\left(\frac{\bar{r}_i}{\bar{r}_i-\bar{t}_i}\right)^2$，$\bar{r}_i=\frac{1}{2}(r_{i-1}+r_i)$，$\bar{t}_i=\frac{1}{2}(t_{i-1}+t_i)$

式中，r_i 为在第 i 次脱附及解除凝聚时与相对压力 p_i/p_s 相应的临界孔半径；t_i 为与相对压力 p_i/p_s 相应的吸附层厚度；$\bar{r}_i$ 和 $\bar{t}_i$ 分别为其平均值。

则，有如下的孔径分布计算公式：

$$\Delta V_i=R_i\left(\Delta\mu_i-2\Delta t_i\sum_{j=1}^{i-1}\frac{1}{\bar{r}_i}\Delta V_j+2t_i\Delta\bar{t}_i\sum_{j=1}^{i-1}\frac{1}{2\bar{r}_j}\Delta V_j\right)$$

孔径分布与比表面积根据以上公式，用计算机进行数据处理与计算。

【结果与讨论】

① 测定比表面积时，相对压力为什么要控制在 0.05～0.35 之间?

② 何谓等效死空间？实验中应如何扣除?

③ 如何用直接标定法由峰面积求吸附量?

④ 影响本实验误差的主要因素是什么?

4.3 气固相催化反应宏观反应速率的测定

【实验目的】

① 掌握宏观反应速率的测试方法。

② 了解和掌握气固相催化反应实验研究方法。

③ 了解内循环无梯度反应器的特点和操作。

【实验原理】

本实验采用内循环无梯度反应器测量气固相催化反应宏观反应速率，如图 4-4 所示。在反应器进口引入浓度为 c_{A0}、流量为 V_0 的原料气，则有出口浓度为 c_{Af}、流量为 V 的反应气。当 $V_0=V$，反应为变物质的量反应时，通过实验测量反应气的流量 V，也可以由具体反应式的物料衡算式推导出 V。

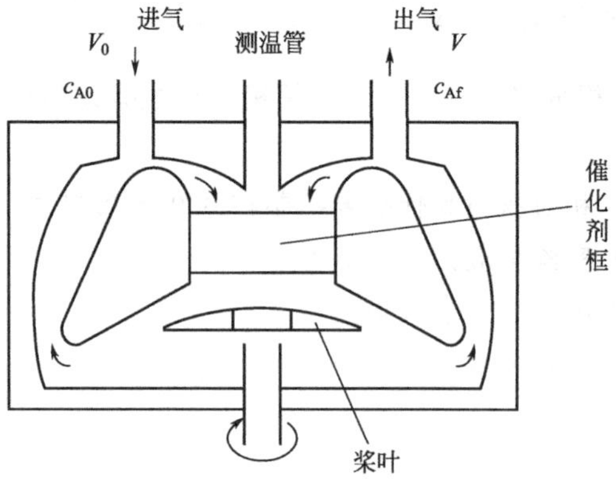

图 4-4 无梯度反应器示意图

设反应器进口处原料气与循环气刚混合时，浓度为 c_{Ai}，循环气流量为 V_c，则有：

$$V_0c_{A0}+V_cc_{Af}=(V_0+V_c)c_{Ai}$$

令循环比 $R_c=V_c/V_0$，得到

$$c_{Ai}=\frac{1}{1+R_c}c_{A0}+\frac{R_c}{1+R_c}c_{Af}$$

当 R_c 很大时，$c_{Ai}\approx c_{Af}$，此时反应器内浓度处处相等，达到了浓度无梯度。经实验验证，当 $R_c>25$ 后，反应器性能便相当于一个理想混合反应器，它的反应速率可以简单求得

$$r_A=\frac{V_0(c_{A0}-c_{Af})}{V_R} \tag{4-9}$$

或

$$r_{AW}=\frac{V_0(c_{A0}-c_{Af})}{W} \tag{4-10}$$

因而，只要测得原料气流量与反应气体进出口浓度，便可得到某一条件下的宏观反应速率值。进一步按一定的设计方法规划实验条件，改变温度和浓度进行实验，再通过计算机进行参数估计和曲线拟合，便可获得宏观动力学方程。

本实验选用 MH 分子筛作为催化剂，针对乙醇脱水制乙烯的反应，采用内循环无梯度反应器，测定反应的宏观速度，建立动力学模型。

乙醇在 MH 分子筛催化作用下的脱水过程，可用如下平行反应来描述：

$$2C_2H_5OH \rightleftharpoons C_2H_5OC_2H_5 + H_2O$$

$$C_2H_5OH \rightleftharpoons C_2H_4 + H_2O$$

可见，乙醇既可以进行分子内脱水生成乙烯，又可以进行分子间脱水生成乙醚。一般而言，较低的温度有利于生成乙醚，而较高的温度有利于生成乙烯。因此，反应温度条件的控制，对目标产物乙烯的选择性和收率有重要影响。

【预习与思考】

① 无梯度反应器属微分反应器还是积分反应器？为什么？此反应器有何优点？

② 考虑内扩散影响的宏观反应速率是否一定比本征反应速率低？

③ 涡轮搅拌器的作用是什么？应如何确定叶轮的转速？

④ 为何要控制实验稳定一段时间后方能测数据？

【实验装置】

(1) 实验装置与流程简介

实验装置与流程如图 4-5 所示。装置包括四部分：①进料系统，由微量进料泵、氢气钢瓶、汽化器及六通阀等组成。②反应系统，一台内循环式无梯度反应器。③控制系统，由集控仪表组成整个反应装置中温度、流量、电机转速等的控制及显示系统。④取样和分析系统，包括取样六通阀、产品回收器、气相色谱仪及色谱数据处理仪。

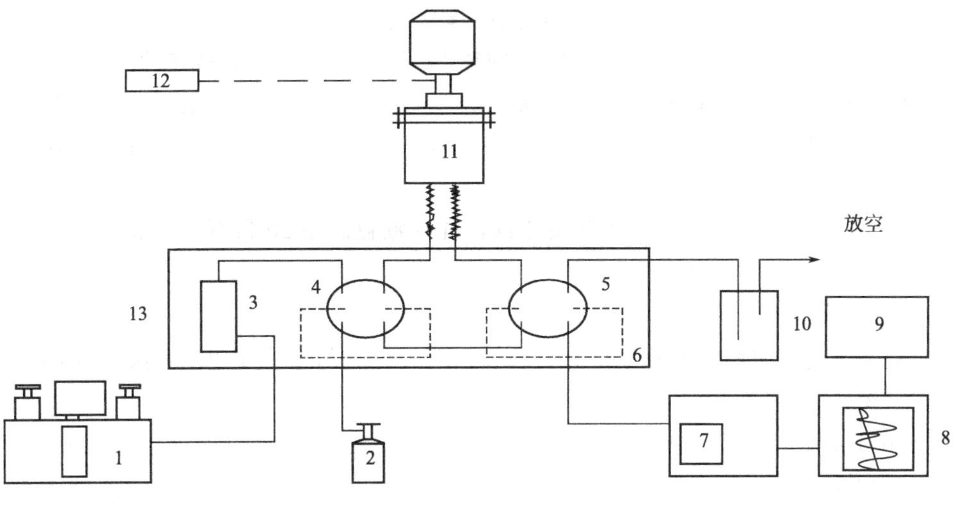

图 4-5　实验装置与流程图

1—微量进料泵；2—氢气钢瓶；3—汽化器；4，5—六通阀；6—定量管；7—气相色谱仪；8—记录仪；9—色谱数据处理仪；10—冷凝器；11—反应器；12—电机调速仪；13—恒温箱

六通阀 4 在实线位置时，反应物料由微量进料泵 1 送至汽化器 3 汽化后，经六通阀 4 进入反应器 11，反应后进入六通阀 5，然后通过冷凝器 10 冷却后放空，而氢气则走实线管道，经六通阀 4、5 进入到气相色谱仪 7。

六通阀 4 在虚线位置时，可进行原料分析。六通阀 5 在虚线位置时，用定量管 6 进行产物的取样。六通阀 5 在实线位置时，定量管 6 中的样品就进入气相色谱仪 7 进行分析，并由色谱数据处理仪 9 给出色谱峰面积值数据。

(2) 主要部件简介

① 气相色谱分析仪：本装置采用天美 GC7890 气相色谱仪在线分析原料气和反应气的组成，分析结果由 Wise sp2 色谱数据处理机处理。该色谱仪的主要操作条件如下：

采用热导检测器，以氢气作载气。色谱柱长为 1m，内装填 Porapak-Q 载体，用以分离乙烯、水、乙醚、乙醇等气体。柱前压力（表压）为 0.7kgf/cm^2（1kgf/cm^2＝98.066kPa），载气流量为 23mL/min，柱温为 90℃，桥电流为 140mA，汽化室温度为 120℃。产物中组分的摩尔分数可按下式计算：

$$y_i=\frac{A_i f_i}{\sum_{i=1}^{n} A_i f_i}$$

式中，y_i 为产品中组分 i 的摩尔分数；A_i 为组分 i 的色谱峰峰面积值；f_i 为组分 i 在热导池检测器上的校正因子，具体的数值可参照表 4-2。

表 4-2　热导池检测器的 f_i（载气 H_2）

序号	物质名称	校正因子 f_i	序号	物质名称	校正因子 f_i
1	乙烯	2.09×10^{-2}	4	乙醇	1.39×10^{-2}
2	水	3.05×10^{-2}	5	乙醚	3.09×10^{-2}
3	乙醛	1.54×10^{-2}			

② 反应器：反应器体积为 87.3mL，其中催化剂框为 ϕ12.5mm×17mm，催化剂框的上部是导向块，气体出口也在此。反应器的密封采用耐高温的石墨垫片，最高可以达到 550℃。反应器的外部是起恒温作用的铜块，最外面是加热炉，加热电压由 AL-808 温控仪进行自动调节。进出反应器的管道用电加热带缠绕，加热电压也由可控硅自动调节，其恒定温度为 110℃。

③ 催化剂选用 MH 型工业分子筛催化剂，柱状颗粒。用 20 目石英砂混合装填，装填量为 3.2772g。

【实验步骤】

开始实验之前，需熟悉流程中所有设备、仪器、仪表的性能及使用方法，然后按以下步骤进行实验操作。

① 打开 H_2 钢瓶调整色谱仪的柱前压力至约 0.06MPa，确认色谱检测器有载气通过后，调节柱温到 90℃，汽化室温度为 120℃，待温度稳定后，打开热导池微电流放大器的开关，并调整桥电流至 140mA。

② 在色谱仪升温时，打开恒温箱加热器开关，使之升温到 110℃，管道保温在 110℃。

③ 打开反应器温度控制器的电源开关，使反应器加热升温，同时打开电机开关，调整电机的转速，使其稳定在 2500r/min，同时向反应器的冷却水夹套中通入冷却水。

④ 在汽化室及反应器温度都达到 100℃时，打开微量进料泵，以小流量向汽化室内通入原料乙醇。

⑤ 待所有条件稳定后，用保温箱内的旋转六通阀取样分析原料及反应产物的组成，并记录色谱数据处理仪打印出的峰面积值。

⑥ 反应器的温度在 260～380℃之间选择，取 3～4 个温度，在各个温度下改变三次乙醇的进料速度，测定不同条件下的数据（注意：在改变流量后，要稳定 20min 以上，以达到

测定数据的准确性）。

⑦ 停车操作：关闭微量进料泵开关，停止进料，改通氮气。将反应器的设定温度降至室温，保持管道温度在 110℃，通氮气 1h 后，把其设定温度降至室温，切断搅拌电机电源。在反应器内温度降到 150℃以下后，关闭冷却水，切断总电源。对色谱仪，首先切断桥电流，关闭汽化室、色谱柱箱的电源开关，在箱内温度降到室温时，切断总电源，最后关闭载气。

【实验数据处理】

（1）实验数据的记录

实验数据记录见表 4-3。

表 4-3　实验数据记录表

室温______℃；大气压______ MPa；搅拌速度______ r/min

实验号	反应条件		乙醇进料量/(mL/h)	产物组分(摩尔分数)/%				
	温度/℃	表压/MPa		乙烯	水	乙醛	乙醇	乙醚

（2）实验数据的处理

① 根据实验条件和结果，按照式(4-10)，计算出不同温度下的宏观反应速率 r_{AW}，因为反应器常压操作，反应器内的混合气可视为理想气体，所以反应物乙醇的浓度（mol/L）可依下式计算：

$$c_A=\frac{p_A}{RT}$$

式中，R 为气体常数，8.314J/(mol·K)；p_A为乙醇的分压（$p_A=py_A$）。

② 依公式 $k=r/c_A$计算生成乙烯的目标反应的速率常数 k，并根据阿伦尼乌斯方程 $k=k_0\exp\left(-\frac{E}{RT}\right)$，将$-\ln k$ 对 $1/T$ 作图，求出反应的活化能 E 和频率因子 k_0。

符号说明：

c_{A0}——原料气摩尔浓度，mol/m^3；

V_R——催化剂装填量，m^3；

c_{Af}——反应气出口浓度，mol/m^3；

W——催化剂质量，kg；

c_{Ai}——反应器进口处混合浓度，mol/m^3；

r_A——以单位催化剂体积计算的反应速率，$mol/(m^3 \cdot h)$；

R_c——循环比；

V_0，V_c——原料气、循环气流量，m^3/h；

r_{AW}——以单位催化剂质量计算的反应速率，$mol/(kg \cdot h)$；

V——出口气体流量，m^3/h。

4.4 多釜串联反应器中返混状况的测定

【实验目的】

① 掌握停留时间分布的测定方法。

② 了解停留时间分布与多釜串联模型的关系。

③ 了解模型参数 n 的物理意义及计算方法。

【实验原理】

在连续流动的反应器内，不同停留时间的物料之间的混合称为返混。返混程度的大小，通常用物料在反应器内的停留时间分布来测定。然而在测定不同状态的反应器内物料的停留时间分布时发现，相同的停留时间分布可以有不同的返混情况，即返混与停留时间分布不存在一一对应的关系，因此不能用停留时间分布的实验测定数据直接表示返混程度，而要借助于相关的数学模型来间接表达。

物料在反应器内的停留时间完全是一个随机过程，须用概率分布的方法来定量描述。所用的概率分布函数为停留时间分布密度函数 $f(t)$ 和停留时间分布函数 $F(t)$。停留时间分布密度函数 $f(t)$ 的物理意义是：同时进入的 N 个流体粒子中，停留时间介于 t 到 $t+\mathrm{d}t$ 间的流体粒子所占的分率 $\mathrm{d}N/N$ 为 $f(t)\mathrm{d}t$。停留时间分布函数 $F(t)$ 的物理意义是：流过系统的物料中停留时间小于 t 的物料的分率。

停留时间分布的测定方法有脉冲法、阶跃法等。

由停留时间分布密度函数的物理含义，可知

$$f(t)\mathrm{d}t=\frac{Vc(t)\mathrm{d}t}{Q} \tag{4-11}$$

$$Q=\int_0^{\infty}Vc(t)\mathrm{d}t \tag{4-12}$$

所以

$$f(t)=\frac{Vc(t)}{\int_0^{\infty}Vc(t)\mathrm{d}t}=\frac{c(t)}{\int_0^{\infty}c(t)\mathrm{d}t} \tag{4-13}$$

由此可见 $f(t)$ 与示踪剂浓度 $c(t)$ 成正比。因此，本实验中用水作为连续流动的物料，以饱和 KCl 作示踪剂，在反应器出口处检测溶液电导值。在一定范围内，KCl 浓度与电导值成正比，则可用电导值来表达物料的停留时间变化关系，即 $f(t)\propto L(t)$，这里 $L(t)=L_t-L_{\infty}$，L_t 为 t 时刻的电导值，L_{∞} 为无示踪剂时的电导值。

停留时间分布密度函数 $f(t)$ 在概率论中有两个特征值，平均停留时间（数学期望）$\bar{t}$ 和方差 σ_t^2。

$\bar{t}$ 的表达式为：

$$\bar{t}=\int_0^{\infty}tf(t)\mathrm{d}t=\frac{\int_0^{\infty}tc(t)\mathrm{d}t}{\int_0^{\infty}c(t)\mathrm{d}t} \tag{4-14}$$

采用离散形式表达，并取相同时间间隔 Δt，则：

$$\bar{t}=\frac{\sum tc(t)\Delta t}{\sum c(t)\Delta t}=\frac{\sum tL(t)}{\sum L(t)} \tag{4-15}$$

σ_t^2 的表达式为：

$$\sigma_t^2=\int_0^{\infty}(t-\bar{t})^2 f(t)\mathrm{d}t=\int_0^{\infty}t^2 f(t)\mathrm{d}t-\bar{t}^2 \tag{4-16}$$

也用离散形式表达，并取相同 Δt，则：

$$\sigma_t^2=\frac{\sum t^2 c(t)}{\sum c(t)}-\bar{t}^2=\frac{\sum t^2 L(t)}{\sum L(t)}-\bar{t}^2 \tag{4-17}$$

若用无量纲对比时间 θ 来表示，即 $\theta=t/\bar{t}$，无量纲方差 $\sigma_\theta^2=\sigma_t^2/\bar{t}^2$。

测定了物料在反应器中的停留时间分布后，为了评价物料的返混程度，需要用数学模型来关联和描述，本实验采用多釜串联模型。

多釜串联模型的建模思想是：用返混程度等效的串联全混釜的个数 n 来表征实测反应器中的返混程度。模型中全混釜的个数 n 是模型参数，表征返混程度大小，并不代表实际反应器的个数，因此不限于整数。根据反应工程的原理可知，参数 n 越大，返混程度越小。

多釜串联模型假定 n 个串联的反应釜中每个釜均为全混釜，反应釜之间无返混，每个釜的体积相同，据此可推导得到多釜串联反应器的停留时间分布函数关系，并得到无量纲方差 σ_θ^2与模型参数 n 存在关系为

$$n=\frac{1}{\sigma_\theta^2} \tag{4-18}$$

根据等效原则，只要将实测的无量纲方差 σ_θ^2代入上式，便可求得模型参数 n，并据此判断反应器内的返混程度。

当 $n=1$，$\sigma_\theta^2=1$，为全混釜特征；

当 $n\to\infty$，$\sigma_\theta^2\to 0$，为平推流特征。

【预习与思考】

① 何谓返混？返混的起因是什么？限制返混的措施有哪些？

② 为什么说返混与停留时间分布不是一一对应的？为什么可以通过测定停留时间分布来研究返混？

③ 测定停留时间分布的方法有哪些？本实验采用哪种方法？

④ 何谓示踪剂？有何要求？本实验用什么作示踪剂？

⑤ 模型参数与实验中反应釜的个数有何不同？为什么？

【实验装置】

实验装置如图 4-6 所示，由单釜与三釜串联两个系统组成。三釜串联反应器中每个釜的体积为 1L，单釜反应器体积为 3L，用可控硅直流调速装置调速。实验时，水分别从两个转子流量计流入两个系统，稳定后在两个系统的入口处分别快速注入示踪剂，在每个反应釜出口处用电导率仪检测示踪剂浓度变化，并通过计算机采集和处理数据。

【实验步骤】

① 通水，开启水开关，让水注满反应釜，调节进水流量为 20L/h，保持流量稳定。

② 通电，开启电源开关。

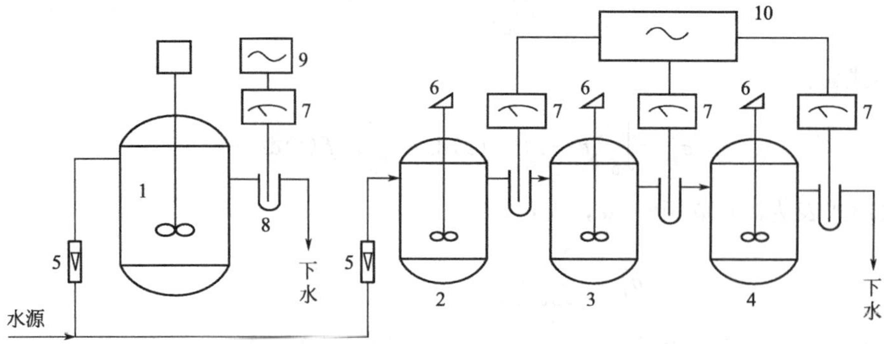

图 4-6 连续流动反应器返混实验装置

1—全混釜（3L）；2～4—全混釜（1L）；5—转子流量计；6—电机；7—电导率仪；8—电导电极；9—记录仪；10—四笔记录仪或微机

a. 启动计算机数据处理系统；

b. 开启并调整好电导率仪，以备测量；

c. 开动搅拌装置，转速应大于 300r/min。

③ 待系统稳定后，用注射器在入口处迅速注入示踪剂，同时，按下计算机数据采集按钮。

④ 当计算机上显示的示踪剂出口浓度在 2min 内觉察不到变化时，即认为终点已到。

⑤ 关闭仪器的电源、水源，排清釜中料液，实验结束。

【实验数据处理】

根据实验结果，可以得到单釜与三釜的停留时间分布曲线，即出口物料的电导值 L（反映了示踪剂浓度）随时间的变化，据此可采用离散化方法，在曲线上相同时间间隔取点，一般可取约 20 个数据点，再由式(4-15)、式(4-17) 分别计算出各自的 $\bar{t}$ 和 σ_t^2，及无量纲方差 $\sigma_\theta^2=\sigma_t^2/\bar{t}^2$。最后，利用多釜串联模型得到的式(4-18) 求出相应的模型参数 n。根据参数 n 的数值大小，就可确定单釜和三釜两个系统中返混程度的大小。

本实验采用计算机数据采集与处理系统，直接由电导率仪输出信号至计算机，由计算机对数据进行采集与分析，在显示器上画出停留时间分布动态曲线图，并在实验结束后自动计算平均停留时间、方差和模型参数。停留时间分布曲线图与相应数据均可方便地保存或打印输出。

【结果与讨论】

① 将计算得到的本实验单釜与三釜系统的平均停留时间 $\bar{t}$ 与理论值进行比较，分析偏差原因。

② 根据计算得到的模型参数 n，讨论两种系统的返混程度大小。

③ 讨论如何限制或加剧返混程度。

符号说明：

$c(t)$——t 时刻反应器内示踪剂浓度；

t——时间；

$f(t)$——停留时间分布密度函数；

V——液体体积流量；
$F(t)$——停留时间分布函数；
$\bar{t}$——数学期望，或平均停留时间；
L_t——t 时刻的电导值；
L_∞——无示踪剂时的电导值；
$L(t)$——液体的电导值，$L(t)=L_t-L_\infty$；
σ_t^2，σ_θ^2——方差；
n——模型参数；
θ——无量纲对比时间。

4.5 连续管式循环反应器返混状况的测定

【实验目的】

① 了解连续均相管式循环反应器的返混特性。

② 观察分析连续均相管式循环反应器的流动特征。

③ 研究不同循环比下的返混程度，计算模型参数 n。

【实验原理】

在连续管式循环反应器中，若循环流量等于零，则反应器内的返混状况与平推流反应器相近，返混程度很小。随着产物的循环，反应器出口的流体被强制返回反应器入口，引起强制性的返混。返混程度的大小与循环流量有关。循环流量常用循环比 R 表示，其定义为：

$$R=\frac{\text{循环产物的体积流量}}{\text{离开反应器的产物流的体积流量}}=\frac{V_R}{V_P}$$

循环比 R 是连续管式循环反应器的重要特征，其值可由零变至无穷大。

当 $R=0$ 时，产物不循环，相当于平推流管式反应器。

当 $R=\infty$时，产物全部循环，相当于全混流反应器。

因此，对于连续管式循环反应器，可以通过调节循环比 R，改变反应器内的返混程度。一般情况下，循环比大于 20 时，返混特性已非常接近全混流反应器。

返混程度的大小，通常利用物料在反应器内的停留时间分布的情况来测定。但是由于停留时间分布与返混状态并非一一对应的关系，即相同的停留时间分布可以有不同的返混情况。因此，不能用停留时间分布的实验数据直接表达返混程度，而是借助于相关数学模型的模型参数来统一描述返混程度。多釜串联模型就是一种常用的数学模型。

多釜串联模型的建模思想是：一个实际反应器中的返混情况可以用若干个全混釜串联时的返混程度来等效描述。根据反应工程的理论可知，串联的全混釜数越多，系统的返混程度越小。因此，可以用串联的釜数 n 作为模型参数，来描述返混程度。多釜串联模型假定：串联的全混釜体积相同，每个釜内均处于全混状态，釜与釜之间无返混。在此假设下，推导得到多釜串联反应器的停留时间分布函数关系，并得到无量纲方差 σ_θ^2 与模型参数 n 之间的关系如式(4-19) 所示，可见只要实测示踪剂在反应器内停留时间分布的无量纲方差 σ_θ^2，即可确定表达返混程度的模型参数 n。

$$n=\frac{1}{\sigma_\theta^2} \tag{4-19}$$

停留时间分布的测定方法有脉冲法、阶跃法等，常用的是脉冲法。所谓脉冲法，就是当系统达到稳定后，在反应器的入口处瞬间注入一定量（Q）的示踪物料，同时在出口流体中检测示踪剂的浓度随时间的变化。

由停留时间分布密度函数 $f(t)$ 的物理含义，可知

$$f(t)\mathrm{d}t=Vc(t)\mathrm{d}t/Q \tag{4-20}$$

$$Q=\int_0^\infty Vc(t)\mathrm{d}t \tag{4-21}$$

所以
$$f(t)=\frac{Vc(t)}{\int_0^{\infty}Vc(t)\mathrm{d}t}=\frac{c(t)}{\int_0^{\infty}c(t)\mathrm{d}t} \tag{4-22}$$

由此可见 $f(t)$ 与示踪剂浓度 $c(t)$ 成正比。因此，本实验中用水作为连续流动的物料，以饱和 KCl 作示踪剂，用出口溶液电导值的变化跟踪 KCl 的轨迹，因为在一定浓度范围内，KCl 浓度与电导值成正比，即 $c(t)\propto L(t)$，则 $f(t)\propto L(t)$，这里 $L(t)=L_t-L_{\infty}$，L_t 为 t 时刻的电导值，L_{∞} 为无示踪剂时的电导值。

由实验测定的停留时间分布密度函数 $f(t)$，有两个重要的特征值，即平均停留时间 $\bar{t}$ 和方差 σ_t^2，这些特征值可由实验数据计算得到。若用离散形式表达，并取相同时间间隔 Δt，则计算式分别为：

$$\bar{t}=\frac{\sum tc(t)\Delta t}{\sum c(t)\Delta t}=\frac{\sum tL(t)}{\sum L(t)} \tag{4-23}$$

$$\sigma_t^2=\frac{\sum t^2c(t)}{\sum c(t)}-\bar{t}^2=\frac{\sum t^2L(t)}{\sum L(t)}-\bar{t}^2 \tag{4-24}$$

若用无量纲时间 θ 来表示，即 $\theta=t/\bar{t}$，则无量纲方差 $\sigma_\theta^2=\sigma_t^2/\bar{t}^2$。

【预习与思考】

① 连续管式循环反应器中的返混是如何产生的？为什么要测定返混程度？

② 采用脉冲法测定返混，对示踪剂有什么要求？

③ 如果进口流量控制在 15L/h，要求循环比分别为 0、3、5，则循环流量应分别控制在多少？

④ 本实验采用什么数学模型描述返混程度？表征返混程度的模型参数是什么？该参数值的大小说明了什么？

⑤ 利用本实验测得的示踪剂停留时间分布的无量纲方差 σ_θ^2 与循环比 R 和模型参数 n 之间的变化关系如何？

【实验装置】

实验装置如图 4-7 所示，由管式反应器、物料循环系统和示踪剂注入与检测系统组成。管式反应器中的填料为 φ5mm 的拉西瓷环。循环泵流量由循环管路调节阀控制，流量通过涡轮流量计检测，在仪表屏上显示，单位是：L/h。溶液电导率通过电导率仪在线检测，电

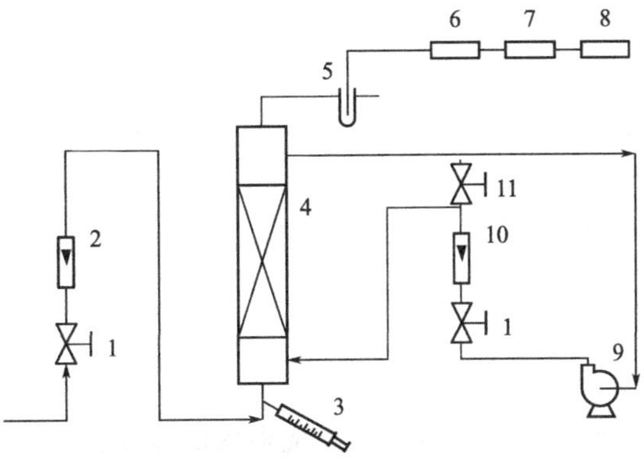

图 4-7　连续管式循环反应器返混状况测定实验装置示意图

1—进水阀；2—进水流量计；3—注射器；4—填料塔；5—电极；6—电导率仪；7—记录仪；8—微机；9—循环泵；10—循环流量计；11—放空

导率仪输出的毫伏信号经模/数信号转换后，由计算机实时采集、记录和显示，并通过内置数学模型进行数据处理，并输出计算结果。

实验时，进水经转子流量计调节流量后，从底部进入反应器。开启循环泵，控制一定的循环比。待流量稳定后，在反应器下部进样口快速注入示踪剂（0.5～1mL)，同时启动出口处的电导率仪跟踪检测示踪剂浓度随时间的变化。操作中应注意如下事项：

① 必须流量稳定后，方可注入示踪剂，且整个操作过程中注意控制流量；

② 注入示踪剂的量要小于1mL，且要求一次性迅速注入，若遇针头堵塞，不可强行推入，应拔出后重新操作；

③ 一旦出现操作失误，应等示踪剂完全流出，即流出峰线走平归零后，再重做实验。

【实验步骤】

(1) 实验准备

① 药品和器具：饱和氯化钾溶液（示踪剂），500mL烧杯，5mL针筒。

② 熟悉流量计、循环泵的操作：熟悉进样操作，可用清水模拟操作。熟悉管式循环反应器数据采集系统的操作：开始→结束→保存→打印。熟悉EPSON-1600K打印机操作：开启→装一页A4纸→进纸键→联机键→打印。

③ 设定进口流量为15L/h，按照循环比 R 计算循环液的流量。

(2) 操作步骤

① 通水：开启水源，调节进水流量为15L/h，保持流量稳定。

② 开启电源开关；启动微机、打印机，打开“管式循环反应器数据采集”软件。

③ 开启电导率仪并调整好，以备测量。

④ 设定循环泵流量。循环时，开泵（面板上右面第二个键“▲”），用循环阀门调节流量；不循环时，关泵（面板上中间的向下箭头“▼”），关闭循环阀门。

⑤ 待系统稳定后，用注射器迅速注入0.5～1mL示踪剂，同时点击软件上“开始”按钮，观察流出曲线，出峰时间约10～20min，当流出曲线在2min内无明显变化时，即认为到达终点。

⑥ 点击软件上“结束”按钮，以组号作为文件名保存文件，打印实验数据。

⑦ 改变循环比，重复步骤④～⑥。

⑧ 实验结束，关闭微机、打印机、仪器、电源和水源。

【结果与讨论】

(1) 实验数据处理

① 选择一组实验数据，用式(4-23)和式(4-24)计算平均停留时间、方差，从而计算无量纲方差和模型参数，要求写清计算步骤。

② 将上述计算结果与计算机输出结果作比较，若有偏差，请分析原因。

③ 列出数据处理结果表。

④ 讨论实验结果。

(2) 实验结果讨论

① 讨论和比较不同循环比下，循环管式反应器内的流动特征。

② 比较不同循环比下，系统的平均停留时间和方差，分析偏差原因。

③ 计算模型参数 n，讨论不同循环比下系统返混程度的大小。

④ 根据实验结果，讨论对连续管式反应器，可采取哪些措施减小返混。

4.6　径向流动反应器中的流体均布实验

【实验目的】

① 了解径向流动反应器的特点和形式。

② 掌握径向流动反应器中流体均布的目的、充分与必要条件。

③ 掌握改善床层的均布具体措施。

【实验原理】

径向流动反应器是一种气体沿着半径或直径方向流动的催化反应器，与轴向反应器相比，由于流动方向的改变，径向反应器流通面积较大而流动距离较短，有效地降低了床层阻力，从而为采用小颗粒催化剂创造了条件。但是径向流动带来了流体沿轴向均布的问题，而且流体均布是影响径向反应器性能至关重要的因素，因此研究径向反应器中的流体均布具有十分重要的意义。

如图 4-8 中所示，径向流动反应器通常有向心Ⅱ形、向心 Z 形、离心Ⅱ形和离心 Z 形 4 种形式。在每种形式的径向流动反应器中，流体流动都可以分为流体在分流、合流流道中的流动，流体穿过多孔板的流动和流体在催化剂颗粒床中的流动。所谓的径向流体沿轴向的均布是指在不同的轴向位置上径向流过催化剂的流体流速相等，因此其充分与必要条件是在径向床进口截面和出口截面的总势能分别保持恒定。如果介质密度很小，位能可以忽略，则在径向床进口截面和出口截面上的静压分别保持恒定，然而在进口截面上的总势能分布取决于分流流道中静压分布和分流多孔板上穿孔阻力的分布，在出口截面上的总势能分布取决于合流流道中静压分布和合流多孔板上穿孔阻力的分布，因此研究流体在分流和合流流道中的流动是解决径向流体均布的必要步骤，也是本实验的目的。

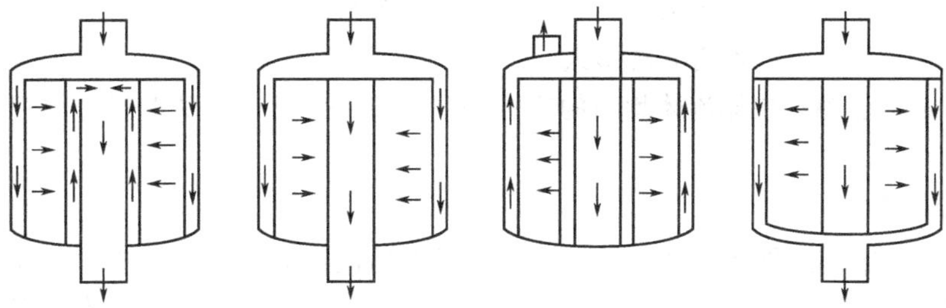

图 4-8　径向流动反应器示意图

在如图 4-9 所示的垂直分流流道中，假设：①流动是一维的；②孔间距足够小，可以认为侧流流体连续流出。流体在垂直分流流道中作向下流动，以进口端为基准，取一微元控制体，在单位时间内对其建立质量守恒和 Z 方向的动量守恒方程组。

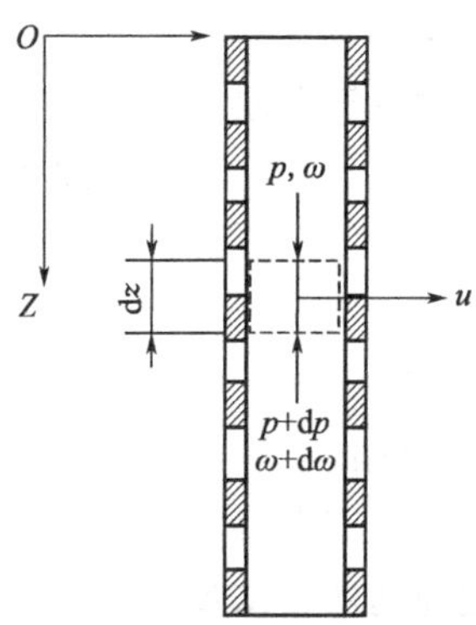

图 4-9　垂直分流流道微元控制体

质量守恒：

$$\rho A\omega=\rho A\left(\omega+\frac{\mathrm{d}\omega}{\mathrm{d}z}\mathrm{d}z\right)+\rho A_{\mathrm{c}}u \tag{4-25}$$

动量守恒：

$$pA-\left(p+\frac{dp}{dz}dz\right)A+\rho gA\,dz-\tau_w\pi D\,dz=\rho A\left(\omega+\frac{d\omega}{dz}dz\right)^2-\rho A\omega^2+\rho A_c u\omega_c \quad (4\text{-}26)$$

假设对于圆管壁面流体剪切应力为：

$$\tau_w=\lambda\frac{\rho\omega^2}{8} \quad (4\text{-}27)$$

忽略 $d\omega$ 的高阶项，由以上各式可以导出式(4-28)：

$$\frac{dp}{dz}-\rho g+\frac{\lambda}{2D}\rho\omega^2+2\rho\omega\frac{d\omega}{dz}-\rho\omega_c\frac{d\omega}{dz}=0 \quad (4\text{-}28)$$

假定 $\omega_c=2\alpha\omega$，又令：

$$k_d=1-\alpha \quad (4\text{-}29)$$

可以得出动量交换方程：

$$\frac{dp}{dz}-\rho g+2k_d\rho\omega\frac{d\omega}{dz}+\frac{\lambda}{2D}\rho\omega^2=0 \quad (4\text{-}30)$$

同样对于垂直向上的分流流动，以流体进口端为基准，可得出如下动量交换方程：

$$\frac{dp}{dz}+\rho g+2k_d\rho\omega\frac{d\omega}{dz}+\frac{\lambda}{2D}\rho\omega^2=0 \quad (4\text{-}31)$$

对于流体作垂直方向的合流流动，通过相同的分析，可以得出如下合流动量交换方程：

$$\frac{dp}{dz}-\rho g+2k_d\rho\omega\frac{d\omega}{dz}+\frac{\lambda}{2D}\rho\omega^2=0 \quad (4\text{-}32)$$

在式(4-32) 中如果重力方向与合流主流方向相反则重力项取正号，如果重力方向与合流主流方向相同则重力项取负号。

【预习与思考】

① 径向流动反应器的特点是什么？需要解决的关键技术是什么？

② 研究径向流动反应器中流体均布的目的是什么？

③ 径向流动反应器一般有几种形式？

④ 保证径向流动反应器流体均布的充分必要条件是什么？有哪些措施可以改善床层的均布？

【实验装置】

要准确测定分流、合流流道中不同轴向位置上的流速和静压很困难，尤其是流速的测定，因此在实验装置设计时，可以选择高阻力的床层，保证实验装置中流体是均布的，从而避免测速的困难，而只需要测定流体的总流量。

实验装置的流程如图 4-10 所示，空气经离心风机输送入管道，经调节阀调整流量，温度计测量气温温度和毕托管测出气体压力和压差后，进入冷模设备的入口，气体流过床层，从冷模设备的出口离开放空。气体在冷模设备中的流向通过一组插板阀来控制，从而可以分别对分流、合流及向上、向下流动进行实验测试。

径向反应器冷模装置主要尺寸如下：设备内径 500mm，中间流道 100mm，外环形流道 300～500mm，床层厚度 50mm，床层填料为小于 1mm 塑料小球；配套风机最大气量 $3000m^3/h$。

在流道上每隔 100mm 安排一测压点，以测定该处气体的壁面静压和流道流速，为了尽量避免速度测试带来的误差，在设备设计时有目的地使系统的阻力主要集中在床层，从而使径向流速基本均匀。

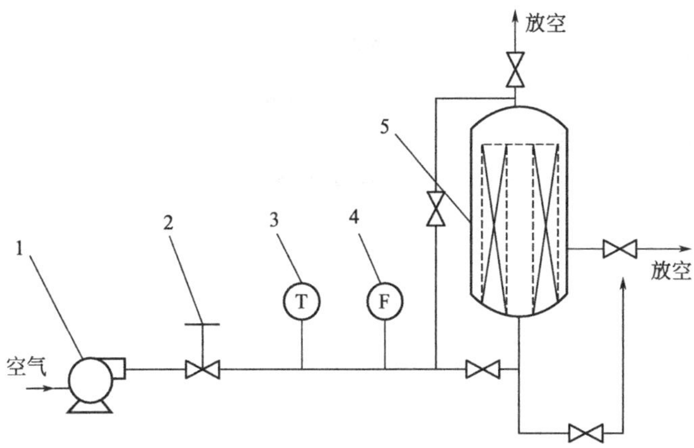

图 4-10　径向流动床层冷模装置实验流程示意图

1—风机；2—调节阀；3—温度计；4—流量计；5—径向床模型

实验中主要测试仪器有 JM-9 型微差压计［测压差 0～150mmH_2O（1mmH_2O=9.80665Pa），精度 0.01mmH_2O］、孔板流量计。

【实验步骤】

① 将调节阀关闭。

② 接通离心风机。

③ 调节流量至适当值。

④ 稳定后，测量总流量。

⑤ 测量冷模各测压点处的壁面静压，记录测量点的位置。

⑥ 分别对离心、向心、向上流动和向下流动等各种工况测量静压分布。

⑦ 完成测量后，关闭离心风机。

【实验数据处理】

以垂直分流流动为例，首先将式(4-30) 离散化，假设以进口段为基准将分流流道等分成 n 段，如果流速分布、i 点的差压、k_d已知，则可以通过式(4-33) 计算出 $i+1$ 点处的静压：

$$(p_{i+1}-p_i)\pm(\rho g z_{i+1}-\rho g z_i)+2k_d\omega_{i+\frac{1}{2}}(\omega_{i+1}-\omega_i)+\frac{\lambda}{2D}\rho\omega_{i+\frac{1}{2}}^2(z_{i+1}-z_i)=0 \tag{4-33}$$

式中，+表示向上流动；−表示向下流动。摩阻系数按常规管道计算，其中：

$$\omega_{i+\frac{1}{2}}=\frac{\omega_{i+1}+\omega_i}{2} \tag{4-34}$$

以计算 p_{i+1}和实测静压 $p_{c_{i+1}}$ 的方差为目标函数：

$$S=\sum_{i=1}^{n}(p_{i+1}-p_{c_{i+1}})^2 \tag{4-35}$$

用黄金分割法进行一维搜索以求出使得方差 S 达到极小值时的 k_d。

按照相同的方法可以导出合流流动时动量交换系数计算的公式和步骤，从而求得合流动量交换系数 k_d。

【结果与讨论】

① 为何需将调节阀关闭，然后才能接通离心风机？

② 本实验采用何种措施避免直接测量速度？其依据是什么？

③ JM-9 型微差压计的原理是什么？

④ 动量交换系数不可避免地受到测量误差的影响，如何估计误差对动量交换系数的影响？

【实验报告项目】

① 简述实验目的和原理。

② 描述实验流程和设备。

③ 说明实验步骤。

④ 列出实验数据，说明实验数据处理方法。

⑤ 讨论实验结果。

符号说明：

A——流道横截面面积，m^2；

p_c——实测压力，Pa；

A_c——侧壁小孔面积，m^2；

S——模型计算值和实验值的方差；

D——流道水力当量直径，m；

u——流道侧壁小孔穿孔径向流速，m/s；

ω——流体在流道横截面上的平均流速，m/s；

z——轴向距离，m；

λ——摩阻系数；

k_d——动量交换系数；

ρ——流体密度，kg/m^3；

p——流道压力，Pa；

τ_w——壁面剪切应力。

4.7　鼓泡反应器中气泡比表面积及气含率的测定

【实验目的】

① 掌握静压法测定气含率的原理与方法。

② 掌握气液鼓泡反应器的操作方法。

③ 了解气泡比表面积的确定方法。

【实验原理】

(1) 气含率

气含率直接影响反应器内的气液接触面积，从而影响传质速率与宏观反应速率。它是表征气液鼓泡反应器流体力学特性的基本参数之一。静压法是较精确测定气含率的一种方法，可测定反应器内的平均气含率，也可测定反应器内某一水平位置的局部气含率。

可用伯努利方程来解释静压法的测定原理，根据伯努利方程有：

$$\varepsilon_G = 1 + \frac{g_c}{\rho_L g} \times \frac{dp}{dH} \tag{4-36}$$

采用 U 形压差计测量时，两测压点间的平均气含率为：

$$\varepsilon_G = \frac{\Delta h}{H} \tag{4-37}$$

当气液鼓泡反应器空塔气速改变时，气含率 ε_G 会作相应变化，一般有如下关系：

$$\varepsilon_G \propto u_G^n \tag{4-38}$$

n 取决于流动状况。对安静鼓泡流，n 值在 0.7～1.2 之间；在湍动鼓泡流或过渡流区，u_G影响较小，n 为 0.4～0.7 范围内。

假设

$$\varepsilon_G = k u_G^n \tag{4-39}$$

则

$$\lg\varepsilon_G = \lg k + n\lg u_G \tag{4-40}$$

根据不同气速下的气含率数据，以 $\lg\varepsilon_G$ 对 $\lg u_G$ 作图标绘，或用最小二乘法进行数据拟合，即可得到关系式中参数 k 和 n 值。

(2) 气泡比表面积

气泡比表面积是单位液相体积的相界面积，也是气液鼓泡反应器设计的重要参数之一。对气泡比表面积进行测定的方法有很多种。

虽然每种测试技术都存在着一定的局限性，但公认气泡比表面积 a 可由气泡平均直径 d_B与相应的气含率 ε_G 计算：

$$a = \frac{6\varepsilon_G}{d_B} \tag{4-41}$$

Gestrich 对许多学者提出的计算 a 的关系式进行管理和比较，得到了计算 a 值的公式：

$$a = 2600\left(\frac{H_0}{D}\right)^{0.3} K^{0.003} \varepsilon_G \tag{4-42}$$

方程式适用范围：

$$u_G \leqslant 0.60\text{m/s}$$

$$2.2 \leqslant \frac{H_0}{D} \leqslant 24$$

$$5.7\times10^{5}\leqslant K\leqslant10^{11}$$

因此在一定的气速 u_G 下，测定反应器的气含率 ε_G 数据，就可以间接得到气泡比表面积 a。Gestrich 经大量数据比较，其计算偏差在±15%之内。

【预习与思考】

① 试叙述静压法测定气含率的基本原理。

② 气含率与哪些因素有关?

③ 气液鼓泡反应器内流动区域是如何划分的?

④ 如何获得反应器内气液比表面积 a 的值?

【实验装置】

实验装置如图 4-11 所示。

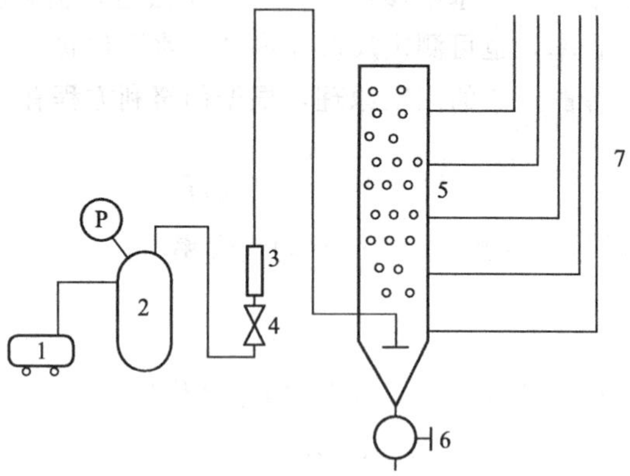

图 4-11 鼓泡反应器中气泡比表面积及气含率测定实验装置

1—气压机；2—缓冲罐；3—流量计；4—调节阀；5—反应器；6—放料口；7—压差计

气液鼓泡反应器用有机玻璃管加工而成，高（H）为 2.5m、直径（φ）为 200mm。壁上沿轴向开有一排小孔与 U 形压差计相接，用于测量压差。采用十字形气体分布器，该分布器有很多小孔使气体达到一定的小孔气速。

先将反应器预装水至一定高度。空气压缩机产生的空气经转子流量计计量后，进入鼓泡反应器。气体通过气体分布器进入床层，使床层膨胀，此时，记下床层沿轴向的各点压力差数值。改变气体通入量能够使床层气含率发生变化，床层气液相界面也会发生相应变化。

【实验步骤】

① 将清水加入反应器床层中，到 2m 处。

②为了防止有气泡存在，需保持 U 形压差计中液位在一个水平面上。

③ 打开空气压缩机通入空气，开始鼓泡，并通过调节阀逐渐调节空气流量。

④ 观察床层气液两相流动状态。

⑤ 稳定后，记录各点 U 形压差计刻度值。

⑥ 改变空气流量，重复上述操作 8～10 次。

⑦ 实验做完后，关闭空气压缩机，放尽反应器内清水。

【实验数据处理】

在空塔气速为 0.05～0.50m/s 时，选取 8～10 个气体流量作为实验点。

记录每个实验点的气速、各测压点读数，通过式(4-37) 计算每两点间的气含率，求出

全塔平均气含率 ε_G。根据不同空塔气速 u_G 下的实验结果，以 ε_G 对 u_G 在双对数坐标纸上进行标绘，或利用最小二乘法拟合，可以得到式(4-39) 中的参数 k 与 n。

通过式(4-42) 计算不同气速 u_G 下的气泡比表面积 a，并在双对数坐标纸上绘出 a 与 u_G 的关系曲线。

【结果与讨论】

① 总结气液鼓泡反应器内流动状态的变化原因和规律。

② 由计算结果分析气泡比表面积与 u_G 的变化关系。

③ 根据实验结果讨论 ε_G 与 u_G 的关系，并分析实验误差。

符号说明：

a——气泡比表面积，m^2/m^3；

d_B——气泡平均直径，m；

D——塔直径，m；

Δh——两测压点间 U 形压差计液位差，m；

H_0——静液层高度，m；

H——两测压点间的垂直距离，m；

g_c——转换因子；

K——液体模数，$K=\dfrac{\rho\sigma^3}{g\mu^4}$；

k，n——关联式常数；

ε_G——气含率；

u_G——空塔气速，m/s；

ρ_L——液体密度，kg/m^3。

4.8 流化床反应器的特性测定

【实验目的】

① 观察流化床反应器中的流态化过程。

② 掌握测定流化床层压降，以及关联压降与气速关系的方法。

③ 计算临界流化速度及最大流化速度，并与实验结果作比较。

【实验原理】

(1) 流态化现象

如图 4-12 所示，当气体通过颗粒床层时，流速很小，固体颗粒在床层中固定不动，如图 AB 段所示，在双对数坐标纸上床层压降与流速成正比，此时为固定床阶段。当气速略大于 B 点之后，因为颗粒变为疏松状态排列而使压降略有下降。当气体速度继续增加，床层高度逐渐增加，床层压降保持不变，固体颗粒随气体运动而上下翻滚，并悬浮在流体中，此为流化床阶段，称为流态化现象。使床层开始流化的最小气速称为临界流化速度 u_{mf}。

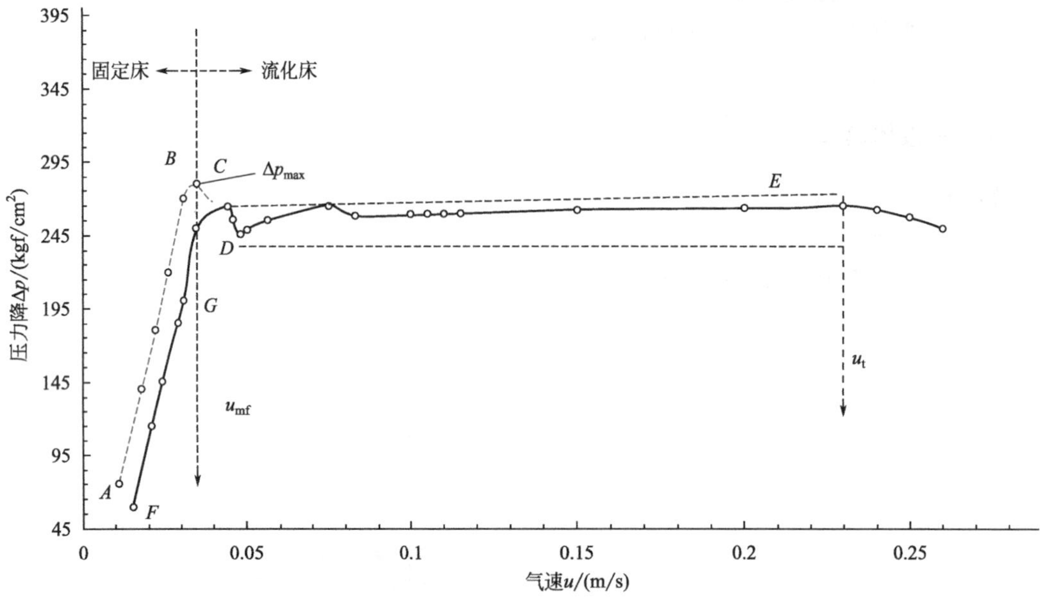

图 4-12 气体流化床的实际 Δp-u 关系

(注：1kgf=9.80665N)

当气体速度进一步增加，超过图中 E 点时。颗粒就会在流体中形成悬浮状态的稀相，被流体一起从床层吹出。此时，压降迅速降低，正常的流化状态被破坏，床层属于气流输送阶段。与 E 点对应的流速被称为最大流化速度 u_t。

(2) 临界流化速度 u_{mf}

利用实验可以通过 Δp 与 u 的关系测定临界流化速度，也可以利用经验公式计算得到。常用的经验公式有：

$$u_{mf}=0.695\frac{d_p^{1.82}(\rho_s-\rho_g)^{0.94}}{\mu^{0.88}\rho_g^{0.06}}$$

利用经验公式进行计算一般会存在一定偏差，因此常利用实验直接测定颗粒的临界流化速度更为准确。

(3) 最大流化速度 u_t

最大流化速度 u_t 也被称为颗粒带出速度，从理论上应等于颗粒沉降速度。按流体不同的流动状态可用下列公式计算：

$$u_t=\frac{d_p^2(\rho_s-\rho_g)g}{18\mu} \qquad Re_p<0.4$$

$$u_t=\left[\frac{4}{225}\times\frac{(\rho_s-\rho_g)^2 g}{\rho_g\mu}\right]^{1/3}d_p \qquad 0.4\leqslant Re_p\leqslant 500$$

$$u_t=\left[\frac{3.1d_p(\rho_s-\rho_g)g}{\rho_g}\right]^{1/2} \qquad Re_p>500$$

其中，$Re_p=\dfrac{d_p u_t \rho_g}{\mu}$。

【预习与思考】

① 气体通过颗粒床层有哪几种操作状态？如何划分？

② 流化床中有哪些不正常流化现象？各与什么因素有关？

③ 流化床反应器对固体颗粒有什么要求？为什么？

【实验装置】

流化床特性测试实验流程图，如图 4-13 所示。

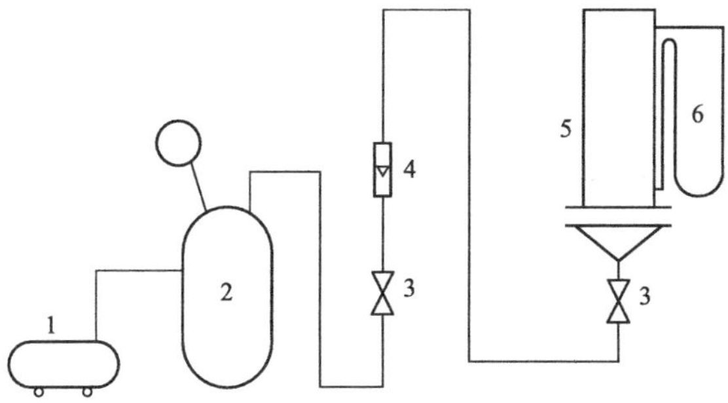

图 4-13　流化床特性测试实验流程图

1—空气压缩机；2—缓冲罐；3—调节阀；4—流量计；5—流化床反应器；6—U 形压差计

实验用的气体为空气，固体为不同粒度的石英砂。

由空气压缩机产生的空气通过稳压阀稳压后，使用转子流量计调节计量，随后进入装有石英砂的流化床反应器。气体通过分布板进入床层，从反应器上部引出放空。通过 U 形压差计测量床层压力降。

【实验步骤】

① 启动空气压缩机，使用转子流量计调节计量，测定空管时压力降与流速关系。

② 关闭气源，在流化床反应器中装入已筛分的石英砂，检漏。

③ 通入气体，观察不同气速下反应器中的流化现象，测定不同气速下床层高度与压降值。

④ 加入不同粒度的石英砂，重复实验。

⑤ 在某个实验点，不使用气体分布板，观察流化状态有何变化。

⑥ 实验结束后，关闭空气压缩机。

【实验数据处理】

① 记录不同条件下的压降 Δp 值与气体流量值，在双对数坐标纸上标绘它们之间的关系。

② 确定相应的最大流化速度和临界流化速度。

③ 按实验条件计算临界流化速度与最大流化速度。注意：计算最大流化速度 u_t 时，需先假定 Re_p 范围后试算，再校核 Re_p 是否合适。

【结果与讨论】

① 将流态化过程所观察的现象与埋论分析作比较，进行分析和讨论。

② 有哪些因素影响临界流化速度与最大流化速度，总结实验得到的结论。

③ 列举各种不正常流化现象及产生的原因。

④ 分析实验值和理论计算值，分析误差产生的原因。

符号说明：

d_p——颗粒当量直径，m；

ρ_g——流体密度，kg/m^3；

Re_p——雷诺数，$Re_p=\dfrac{d_p u_t \rho_g}{\mu}$；

ρ_s——颗粒密度，kg/m^3；

u_{mf}——临界流化速度，m/s；

μ——流体动力黏度，kg/(m·s)；

u_t——最大流化速度，m/s。

第5章　化学分离工程实验

5.1　填料塔分离效率的测定

【实验目的】

① 了解系统表面张力对填料精馏塔效率的影响机理。

② 测定甲酸-水系统在正、负系统范围的 HETP。

【实验原理】

在填料塔的设计中，需要确定填料层高度或理论板数与等板高度（HETP），其中理论板数与物系的性质和分离要求有关，而等板高度（HETP）则与填料的特性、塔的结构、系统物性，以及操作条件有关。在精馏系统中，被分离物质的表面张力差异对填料塔的分离效率有显著的影响。低沸组分与高沸组分存在表面张力的差异，因此在传质过程中，气液界面会形成表面张力梯度。在表面张力梯度的推动下，两相界面将发生剧烈湍动，导致填料表面液膜稳定性的变化，从而影响到传质速率和填料塔的分离效率。

根据润湿原理，液体能够充分润湿固体表面的必要条件是固体的表面张力 σ_{SV} 大于液体的表面张力 σ_{LV}。然而，在填料精馏塔中，即使满足上述条件，填料表面的液膜仍会发生破裂或沟流，其原因在于随着塔内传质和传热的进行，气液界面上形成的表面张力梯度破坏了填料表面液膜的稳定性。其机理可用图 5-1 解释。

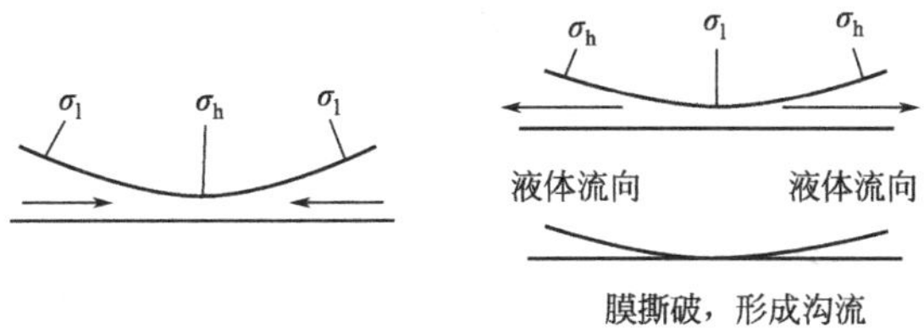

(a) 正系统　　(b) 负系统

图 5-1　物系的正系统和负系统

首先，根据系统中组分表面张力的大小，可将二元精馏系统分为下列三类：

① 正系统［图 5-1(a)］：低沸组分的表面张力 σ_l 较小，高沸组分的表面张力 σ_h 较大，

即 $\sigma_l < \sigma_h$。

② 负系统［图 5-1(b)］：与正系统相反，低沸组分的表面张力 σ_l 较大，即 $\sigma_l > \sigma_h$。

③ 中性系统：系统中低沸组分的表面张力与高沸组分的表面张力相近，即 $\sigma_l \approx \sigma_h$。

在填料塔内，传质界面的大小与填料表面液膜的稳定性有关。若液膜不稳定、破裂形成沟流，则传质界面将减小。若液膜不均匀，传质也不均匀，液膜较薄处的传质速率会高于周围液膜的传质速率，因此，薄液膜处的轻组分含量就会明显低于周围。此时，若物系为正系统，则由于轻组分的表面张力小于重组分，薄液膜处的局部表面张力将大于周围液体的表面张力，从而产生推动周围液体流向薄液膜处的表面张力梯度，使薄液膜得以修复，变得稳定。若物系为负系统，则情况相反，在薄液膜处的局部表面张力将低于周围液体的表面张力，产生的表面张力梯度将驱使液体从薄液膜处向外流动，这样液膜就被撕裂破坏。可见，被分离物系的表面张力对填料表面液膜稳定性有显著影响，因而影响填料塔的分离效率。实验证明，正、负系统在填料塔中具有不同的传质效率，负系统的传质效率远低于正系统，等板高度（HETP）比正系统大一倍甚至一倍以上。

本实验选用的甲酸-水体系是系统具有最高恒沸点的精馏物系。在该物系中，甲酸的表面张力小于水的表面张力，为了使用同一物系进行正系统和负系统的实验，需要将原料浓度配制在正系统与负系统的范围内。甲酸-水系统的恒沸组成（摩尔分数）为：$x_{H_2O}=0.435$，其气液平衡数据如表 5-1 所示，甲酸-水系统的 x-y 图如图 5-2 所示。

表 5-1 甲酸-水系统的气液平衡数据

组成	t/℃										
	102.3	104.6	105.9	107.1	107.6	107.6	107.1	106.0	104.2	102.9	101.8
x_{H_2O}	0.0405	0.155	0.218	0.321	0.411	0.464	0.522	0.632	0.740	0.829	0.900
y_{H_2O}	0.0245	0.102	0.162	0.279	0.405	0.482	0.567	0.718	0.836	0.907	0.951

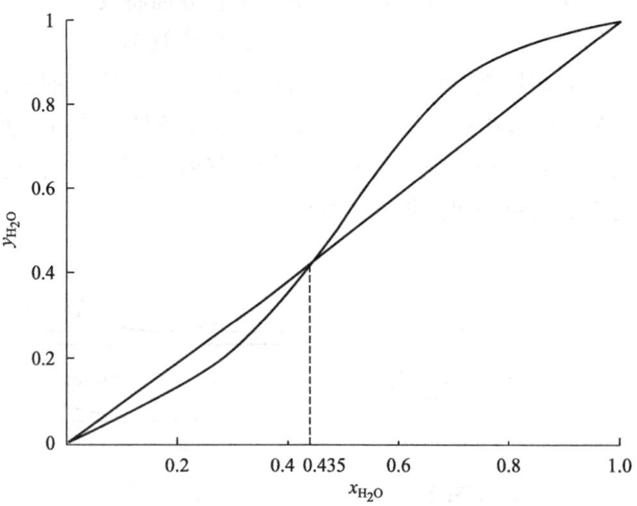

图 5-2 甲酸-水系统的 x-y 图

【预习与思考】

① 何谓正系统、负系统？正、负系统对填料塔的效率有何影响？

② 从工程角度出发，讨论研究正、负系统对填料塔效率的影响有何意义？

③ 为什么甲酸-水系统的 x-y 图中，恒沸点的左边为正系统，右边为负系统？

④ 设计一个实验方案，包括如何做正系统与负系统的实验，如何配制溶液（假定含质量分数 85%甲酸的水溶液 500mL，约 610g）。

⑤ 本实验通过怎样的方法，得出负系统的 HETP 大于正系统的 HETP？

⑥ 估计一下正、负系统范围内塔顶、塔釜的浓度。

⑦ 操作中要注意哪些问题？

⑧ 设计记录实验数据的表格。

⑨ 提出分析样品甲酸含量的方案。

【实验装置】

实验装置如图 5-3 所示，实验所用的玻璃填料塔内径为 31mm，填料层高度 540mm，内装 4mm×4mm×1mm 磁拉西环填料，整个塔体采用导电透明薄膜进行保温。蒸馏釜为 1000mL 圆底烧瓶，用功率为 350W 的电热锅进行加热。塔顶装有冷凝器，在填料层的上、下两端各有一个取样装置，其上有温度计套管可插温度计（或铜电阻）测温。塔釜加热量用可控硅调压器调节，塔身保温部分亦用可控硅电压调整器对保温电流大小进行调节。

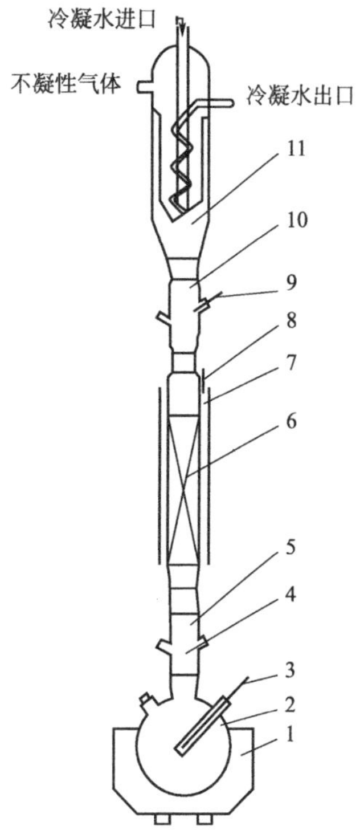

图 5-3　填料塔分离效率测定实验装置

1—电热锅；2—蒸馏釜；3—釜温度计；4—塔底取样段温度计；5—塔底取样装置；6—填料塔；7—保温夹套；8—保温层温度计；9—塔顶取样段温度计；10—塔顶取样装置；11—冷凝器

【实验步骤】

实验分别在正系统与负系统的范围下进行，其步骤如下。

① 正系统：取质量分数为 85%的甲酸水溶液，加入少量水，使入釜的甲酸水溶液浓度既处于正系统范围内，又靠近恒沸点组成，使画理论板时不至于集中于图的左侧。

② 将配制的甲酸水溶液加入塔釜，并加入沸石。

③ 打开冷却水，合上电源开关，由调压器控制塔釜的加热量与塔身的保温电流。

④ 保持全回流操作，待操作稳定后，用长针头注射器在上、下两个取样口进行取样分析。

⑤ 正系统实验结束后，根据计算结果补充适量水，使原料进入负系统浓度范围，注意加水量不宜过多，以免水量过多而导致画理论板时集中于图的右端。

⑥ 为保持正、负系统在相同的操作条件下进行实验，应保持塔釜加热电压不变、塔身保温电流不变，以及塔顶冷却水量不变。

⑦ 同步骤④，待操作稳定后，进行取样分析。

⑧ 实验结束，关闭电源和冷却水，待釜液冷却后将其倒入废液桶中。

⑨ 本实验采用 NaOH 标准溶液进行滴定分析。

【实验数据处理】

① 将实验数据及实验结果列表。

② 根据甲酸-水系统的气液平衡数据，做出甲酸-水系统的 x-y 图。

③ 在图上画出全回流时正、负系统的理论板数。

④ 求出正、负系统相应的 HETP。

符号说明：

x——液相中易挥发组分的摩尔分数；

y——气相中易挥发组分的摩尔分数；

σ——表面张力。

5.2　恒沸精馏

【实验目的】

① 熟悉和掌握恒沸精馏的操作方法。

② 加深对恒沸精馏过程的理解。

③ 了解精馏实验装置的构造和控制方法。

【实验原理】

本实验采用恒沸精馏的方法分离得到无水乙醇。在常压下，用常规精馏的方法分离乙醇水溶液，由于乙醇与水形成了最低恒沸物，此恒沸物的沸点为 78.15℃，与乙醇的沸点 78.30℃十分接近，用常规精馏的方法无法获得无水乙醇，最多只能得到质量分数为 95%左右的乙醇（即工业乙醇）。本实验以正己烷为夹带剂，研究恒沸精馏制备无水乙醇的方法。

恒沸精馏过程的研究，通常包括以下几个内容：

(1) 夹带剂的选择

一个理想的夹带剂应满足以下条件：

① 在形成的恒沸物中，夹带剂的含量应尽可能少，从而减少夹带剂的用量，降低成本。

② 能够与原溶液中一个或一个以上组分形成最低恒沸物，且恒沸物的沸点比溶液中任一组分的沸点低 10℃以上。

③ 容易回收。最好能形成非均相恒沸物，或可通过萃取、精馏等常规方法加以回收。

④ 价廉易得、无毒无害、热稳定性好、腐蚀性小等。

⑤ 汽化潜热较小，节约能耗。

本实验可选用的夹带剂有苯、乙酸乙酯、正己烷、三氯甲烷等。这些物质加入乙醇-水系统后，均能形成多种恒沸物。这些夹带剂与水、乙醇形成三元恒沸物的有关数据如表 5-2 所示。

表 5-2　常压下夹带剂与水、乙醇形成三元恒沸物的数据

组分			各纯组分沸点/℃			恒沸温度/℃	恒沸组成(质量分数)/%		
1	2	3	1	2	3		1	2	3
乙醇	水	苯	78.3	100	80.1	64.85	18.5	7.4	74.1
乙醇	水	乙酸乙酯	78.3	100	77.1	70.23	8.4	9.0	82.6
乙醇	水	三氯甲烷	78.3	100	61.1	55.50	4.0	3.5	92.5
乙醇	水	正己烷	78.3	100	68.7	56.00	11.9	3.0	85.1

本实验选用正己烷为夹带剂，当正己烷加入乙醇-水系统后可形成 4 种恒沸物，即 1 个乙醇-水-正己烷三者形成的三元恒沸物，和它们两两之间形成的 3 个二元恒沸物。各种恒沸物的性质列入表 5-3 中。

表 5-3　乙醇-水-正己烷三元系统恒沸物性质

物系	恒沸点/℃	恒沸组成(质量分数)%			在恒沸点分相液的相态
		乙醇	水	正己烷	
乙醇-水	78.15	95.57	4.43		均相
水-正己烷	61.55		5.60	94.40	非均相
乙醇-正己烷	58.68	21.02		78.98	均相
乙醇-水-正己烷	56.00	11.98	3.00	85.02	非均相

（2）确定夹带剂的用量

在恒沸精馏系统中，根据各种恒沸物形成的温度极值点，可以将精馏路线切割成不同的区域，称为精馏区。原料总组成落在不同的精馏区，将得到不同的精馏产物，而夹带剂的加入量直接影响原料总组成，因而影响精馏产物。

以正己烷为夹带剂分离无水乙醇的恒沸精馏原理可以用图 5-4 加以说明。图中 A、B、W 点分别表示乙醇、正己烷和水的纯物质，C、D、E 点分别代表 3 个二元恒沸物，T 点代表三元恒沸物。曲线 BNW 为三元混合物在 25℃时的溶解度曲线。曲线以上为均相区，以下为两相共存区，该曲线受温度的影响而上下移动。三元恒沸物的组成点 T 在室温下处于两相共存区内。

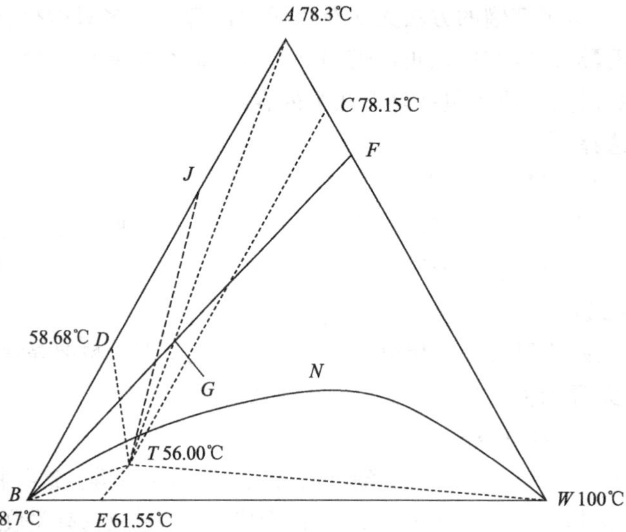

图 5-4　恒沸精馏原理图

以 T 点为中心，连接 3 个二元恒沸组成点 C、D、E 和 3 种纯物质点 A、B、W，三角形相图被分成 6 个小三角形区域，每个区域代表一个精馏区。当塔顶混相回流时，如果原料液的组成落在某个精馏区内，则间歇精馏的结果只能得到这个精馏区 3 个顶点所代表的物质。

因此，要制备无水乙醇，必须使原料液的组成落在包含顶点 A 的精馏区内。符合此条件的精馏区有两个，即 ATC 和 ATD，但在精馏区 ATC 内乙醇-水的二元恒沸物与乙醇的沸点相差仅有 0.15℃，分离困难，而 ATD 精馏区内乙醇-正己烷的恒沸物与乙醇的沸点相差 19.62℃，分离比较容易。因此，确定夹带剂添加量的基本原则就是确保原料液总组成落在 ATD 精馏区内。

点 F 代表乙醇-水混合物的组成，随着夹带剂正己烷的加入，原料液的总组成将沿着线段 FB 向着 B 点方向移动，当其移动到线段 AT 与线段 FB 的交点 G 时，此时，夹带剂的加入量称为理论夹带剂用量，是达到分离目标所需的最少夹带剂用量。如果精馏塔有足够的分离能力，则间歇精馏时，三元恒沸物将会从塔顶馏出（56.00℃），釜液组成将沿着线段 TA 向 A 点移动。在实际操作中，一般需要加入适当过量的夹带剂，从而确保原料总组成点落入 ATD 精馏区。在 ATD 精馏区进行间歇精馏时，塔顶首先得到的是三元恒沸物 T，然后得到沸点稍高的二元恒沸物 D，最后在塔釜得到无水乙醇。

可利用三角形相图按物料平衡式求解计算夹带剂理论用量。若原乙醇水溶液的组成为 F 点，加入夹带剂 B 之后，原料的总组成移到 G 点，则以单位原料液 F 为基准，对水作物料衡算，得

$$Dx_{\text{D水}}=Fx_{\text{F水}}$$

$$D=Fx_{\text{F水}}/x_{\text{D水}}$$

夹带剂 B 的理论用量为

$$B=Dx_{\text{DB}}$$

式中，F 为进料量；D 为塔顶三元恒沸物量；B 为夹带剂理论用量；$x_{\text{F}i}$ 为原料中组分 i 的含量；$x_{\text{D}i}$ 为塔顶恒沸物中组分 i 的含量。

(3) 夹带剂的加入方式

一般可随原料将夹带剂一起加入精馏塔中，为了保证全塔各板上均有足够的夹带剂浓度，若夹带剂有比较高的挥发度，应从加料板的下部加入，若夹带剂有比较低的挥发度，应从加料板的上部加入。

【预习与思考】

① 恒沸精馏适用于什么物系？

② 恒沸精馏中确定夹带剂用量是什么原则？

③ 恒沸精馏对夹带剂的选择有哪些要求？

④ 夹带剂的加料方式有哪些？分别是什么目的？

⑤ 恒沸精馏产物和哪些因素有关？

⑥ 利用正己烷作为夹带剂制备无水乙醇，在相图上可分成几个区？本实验拟在哪个区操作？

⑦ 如何计算夹带剂的加入量？

⑧ 做全塔的物料衡算需要采集哪些数据？

⑨ 实验精馏塔由哪几部分组成？说明动手安装的先后次序，是什么原因？

⑩ 应采取什么措施提高乙醇产品的收率？

⑪ 为了减少夹带剂用量可否采用分相回流的操作方式？

⑫ 设计原始数据记录表。

【实验装置】

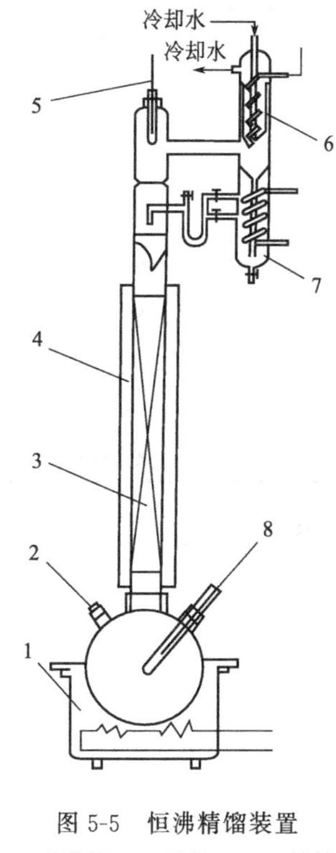

图 5-5　恒沸精馏装置

1—电热锅；2—进料口；3—填料；4—保温管；5,8—温度计；6—冷凝管；7—油水分离器

如图 5-5 所示，本实验以内径 φ20mm 的玻璃塔为精馏柱，分别在塔内装有压延孔环填料和不锈钢三角形填料，填料层高 1m。为了保温塔身采用真空夹套设计。利用 1L 的三口烧瓶为塔釜，位于中间的一个口和塔身相连；其他两个口，一个作为取样口，另一个为测温口，用于测量塔釜液相温度。塔釜利用 350W 电热锅加热并控制釜温。电热锅加热沸腾后的蒸气通过填料层到达塔顶，为实现既可连续精馏操作，又可进行间歇精馏操作，在塔顶安装特殊的冷凝头。塔顶

冷凝液通过分相器分层后，上层为富含正己烷的油相，下层富含水。油相用考克控制回流量，通过溢流口回流。

【实验步骤】

① 称取 100g 质量分数为 95%的乙醇，正己烷的加入量根据夹带剂的理论用量算出。

② 将配制好的乙醇和正己烷加入精馏塔釜中，开启加热电源，打开塔顶冷却水。

③ 当塔顶有冷凝液时，通过回流考克控制油相回流量。

④ 每隔 20min，取出釜液样品分析一次。每隔 10min 记录塔顶、塔釜温度一次，当塔釜温度升到 80℃，釜液纯度达 9.5%以上即可停止实验。

⑤ 取出富油相分析其组成，同时，取出分相器中的富水相称重并进行分析。

⑥ 称取塔釜产品的质量。

⑦ 采用气相色谱分析法分析实验中各点的组成。

⑧ 切断电源，关闭冷却水，结束实验。

【实验数据处理】

① 根据表 5-4 的数据，画出 25℃下，乙醇-水-正己烷三元系溶解度曲线，标明恒沸物组成点，画出加料线。

② 根据间歇操作的全塔物料衡算，推算出塔顶三元恒沸物的组成。

③ 计算本实验过程的收率。

表 5-4　乙醇-水-正己烷 25℃ 液液平衡数据

油相(摩尔分数)/%			水相(摩尔分数)/%		
水	乙醇	正己烷	水	乙醇	正己烷
0.473	1.297	98.230	69.423	30.111	0.466
0.921	6.482	92.597	40.227	56.157	3.616
1.336	12.540	86.124	26.643	64.612	8.745
2.539	20.515	76.946	19.805	65.678	14.517
3.959	30.339	65.702	13.284	61.759	22.957
4.939	35.808	59.253	12.880	58.444	28.676
5.908	38.983	55.109	11.732	56.258	32.010
6.529	40.849	52.622	11.270	55.091	33.639

【结果与讨论】

① 根据绘制的相图，简要说明精馏过程。

② 对比本实验得出的三元恒沸物组成的计算值与文献值，求出其相对误差，分析产生误差的原因。

③ 讨论有哪些因素影响乙醇收率。

5.3 液膜分离法脱除废水中的污染物

【实验目的】

① 理解液膜两种不同的传质机理。

② 熟悉液膜分离技术的操作过程。

③ 掌握液膜分离技术脱除废水中污染物的方法。

【实验原理】

液膜分离是利用一种膜状液体将组成不同而又完全互溶的原料液和接受液隔开，原料液中的欲分离组分通过液膜渗透到接受液中，从而实现与原料的分离。通常膜状液体被称为膜相，原料液被称为外相，接受液被称为内相。液膜通常由膜溶剂和表面活性剂组成，当被隔离的溶液为水相时，膜溶剂为油型；当被隔离的溶液为有机相时，膜溶剂为水型，所以膜溶剂与被隔离的溶液通常完全不互溶或互溶但溶解度很小。

液膜可分为支撑型液膜和乳状液膜。本实验采用乳状液膜法分离废水中的醋酸。制备乳状液膜，首先用液膜包裹内相溶液，形成水包油（O/W）或油包水（W/O）型的乳液，然后将乳液分散到原料液（外相）中形成液膜分离体系。

由于需要处理的外相是醋酸废水溶液，选择 NaOH 水溶液作为内相，膜相选用与之不互溶的油性物质。实验时，先在一定条件下对膜相与内相进行乳化，使两者形成稳定的油包水（W/O）型乳状液，然后将此乳状液分散于外相（含醋酸的废水）中。这样废水中的醋酸会穿过膜相而向内相迁移，在内相中醋酸会与 NaOH 发生反应生成 NaAc 而被保留在内相，从而实现与废水的分离。最后分离乳液与废水，对乳液进行破乳，回收内相中的 NaAc，同时对膜相物质进行再生循环利用。

溶质透过液膜的迁移机理，可分为Ⅰ型促迁移机理和Ⅱ型促迁移机理。

Ⅰ型促迁移机理，如图 5-6 所示，在该液膜分离过程中没有加入流动载体，仅仅利用液膜本身对溶质的选择性溶解和传递作用实现迁移。Ⅱ型促迁移机理，如图 5-7 所示，在液膜中加入的某种流动载体（C），能选择性地与溶质在界面处形成络合物。在浓度差的作用下，此络合物会向内相扩散，在内相界面处被内相试剂反萃解络，溶质被解离出来进入内相，而

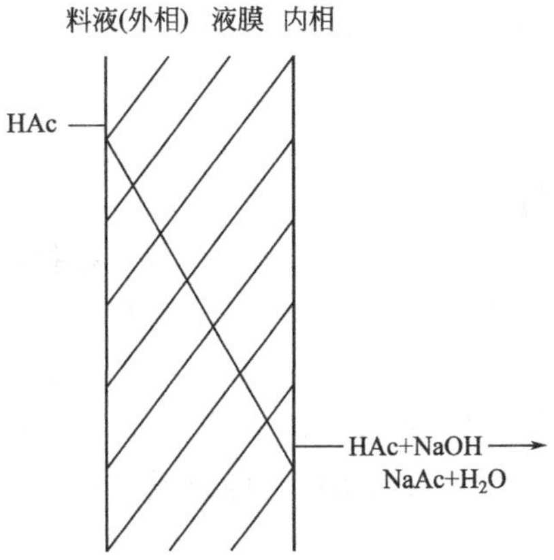

图 5-6　Ⅰ型促迁移传质示意图

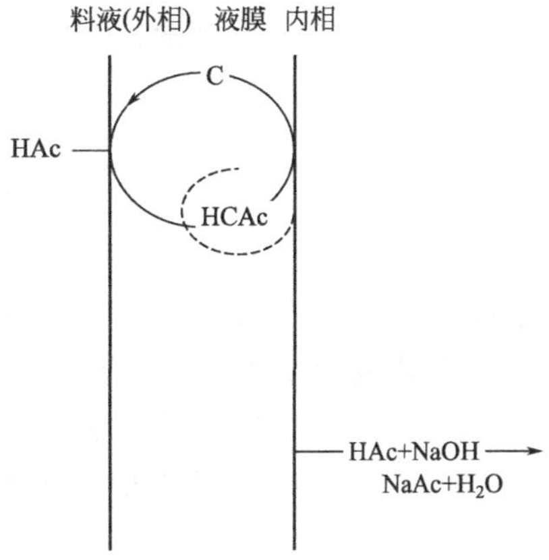

图 5-7　Ⅱ型促迁移传质示意图

载体则扩散返回外相界面处再度与溶质络合，如此循环。通常流动载体的加入可显著提高液膜的选择性和应用范围。

在液膜分离过程中，液膜将原料液中的溶质萃入膜相，然后扩散至内相界面处，被内相试剂反萃至内相，可见，萃取与反萃取是同时进行的。

影响液膜分离效率的主要因素有：

① 液膜内表面活性剂的浓度和种类。

② 膜溶剂的性质。

③ 流动载体的种类。

④ 油内比，即膜相与内相的体积比。

⑤ 乳水比，即乳状液膜与外相的体积比。

通常在膜中加入表面活性剂以增强乳状液膜的稳定性，根据亲水亲油平衡值（HLB）来选择表面活性剂，对于 W/O 型乳状液，选择 HLB 值为 3～6 的乳化剂。另外，为了提高液膜强度，通常在膜相中加入一些膜增强剂。

【预习与思考】

① 怎样区别液膜分离与液液萃取？

② 有哪几种液膜传质机理？它们的主要区别在哪里？

③ Ⅱ型促迁移传质与Ⅰ型促迁移传质相比有哪些优势？

④ 怎样才能提高乳状液膜的稳定性？

⑤ 在液膜分离中添加乳化剂有什么作用？它们的选择依据是什么？

⑥ 液膜分离操作主要有哪几步？各步的作用是什么？

⑦ 怎样才能提高乳状液膜传质的分离效果？

【实验装置】

主要包括：标准搅拌釜两只，大的进行传质实验，小的为制乳时用。可控硅直流调速搅拌器两套。砂芯漏斗两只，用于液膜的破乳。

【实验步骤】

本实验选用的两种液膜组成如下。

1＃液膜组成：乳化剂 E644（5%）；煤油（95%）。

2＃液膜组成：乳化剂 E644（5%）；煤油（90%）；TBP（5%）。

采用 2mol/L 的 NaOH 水溶液作为内相，HAc 水溶液作为原料液，HAc 的初始浓度在实验时测定。

（1）实验步骤

① 先在搅拌釜中加入 70mL 1＃液膜，开启搅拌器，转速设定为 1600r/min，然后在 1min 内滴加完 70mL 内相 NaOH 水溶液，搅拌 15min，待形成稳定乳状液后，停止搅拌器，待用。

② 在传质釜中加入 450mL 待处理的原料液，开启搅拌器，转速设定为 400r/min，然后加入 90mL 上述乳液进行传质实验。定期（取样时间为 2min、5min、8min、12min、16min、20min、25min）取样分析一次，测定外相 HAc 浓度随时间的变化，并做出外相 HAc 浓度与时间的关系曲线。待外相中所有 HAc 均进入内相后，停止搅拌器，放出釜中液体，洗净待用。

③ 在传质釜中加入 450mL 料液，开启搅拌器，转速设定为 400r/min，然后加入 40mL 乳状液，重复步骤②。

④ 比较②、③的实验结果，分析在不同处理比（料液/乳液体积比）下传质速率的差别，说明其原因。

⑤ 采用 2＃液膜重复上述步骤①～④，记录实验结果。

⑥ 分析不同液膜组成的传质速率，解释其原因。

⑦ 经沉降澄清后收集上层乳液，利用砂芯漏斗抽滤破乳，破乳得到的膜相返回到制乳工序，内相 NaAc 进一步精制回收。

（2）分析方法

以酚酞作为显示滴定终点的指示剂，利用酸碱滴定法测定外相中的 HAc 浓度。

【实验数据处理】

① 外相中 HAc 浓度 c_{HAc}：

$$c_{HAc}=\frac{c_{NaOH}V_{NaOH}}{V_{HAc}}$$

式中，V_{HAc}为外相料液取样量，mL；V_{NaOH}为 NaOH 标准滴定溶液消耗体积，mL；c_{NaOH}为 NaOH 标准滴定溶液的浓度，mol/L。

② 醋酸脱除率：

$$\eta=\frac{c_0-c_t}{V_{HAc}}\times 100\%$$

式中，c 为外相 HAc 浓度；下标 0、t 分别代表初始及瞬时值。

5.4 中空纤维超滤膜浓缩表面活性剂

【实验目的】

① 了解和熟悉超滤膜分离的主要工艺参数。

② 了解液相膜分离技术的特点。

③ 培养并掌握超滤膜分离的实验操作技能。

【实验原理】

以压力差为推动力的液相膜分离方法有反渗透（RO）、纳滤（NF）、超滤（UF）和微滤（MF）等方法，各种渗透膜对不同物质的截留情况如图 5-8 所示。对于超滤（UF）而言，"筛分"理论是一种被广泛用来形象地分析超滤膜分离机理的说法。该理论认为，膜表面具有无数微孔，这些不同孔径的孔眼像筛子一样，截留住了分子直径大于孔径的溶质和颗粒，从而达到了分离的目的。最简单的超滤器的工作原理（如图 5-9 所示）如下：在一定的压力作用下，当含有高分子（A）和低分子（B）溶质的混合溶液流过被支撑的超滤膜表面时，小尺寸的溶剂（如水）和低分子溶质（如无机盐类）将透过超滤膜，作为透过物被搜集起来；高分子溶质（如有机胶体）则被超滤膜截留而作为浓缩液被回收。

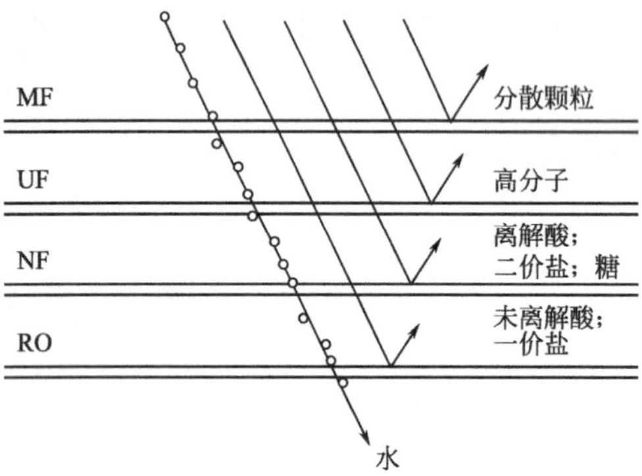

图 5-8 各种渗透膜对不同物质的截留示意图

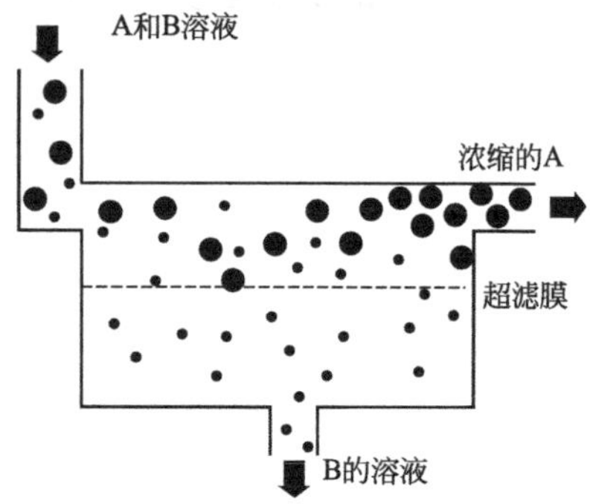

图 5-9 超滤器工作原理示意图

【实验装置】

(1) 主要设备

中空纤维超滤膜浓缩表面活性剂实验装置如图 5-10 所示。

组件型号：XZL-UF10-1。

主要参数：截留分子量 10000。

膜面积：0.5m^2。

适宜流量：20～50L/h。

(2) 实验流程

如图 5-10 所示，通过泵将表面活性剂料液从下部输送进入中空纤维超滤膜组件。表面活性剂料液可分为两个部分：一部分是透过液（透过膜的稀溶液），该稀溶液由流量计计量后回到表面活性剂料液储罐；另一部分是浓缩液（未透过膜的溶液，浓度高于料液），经转子流量计计量后也回到料液储槽。

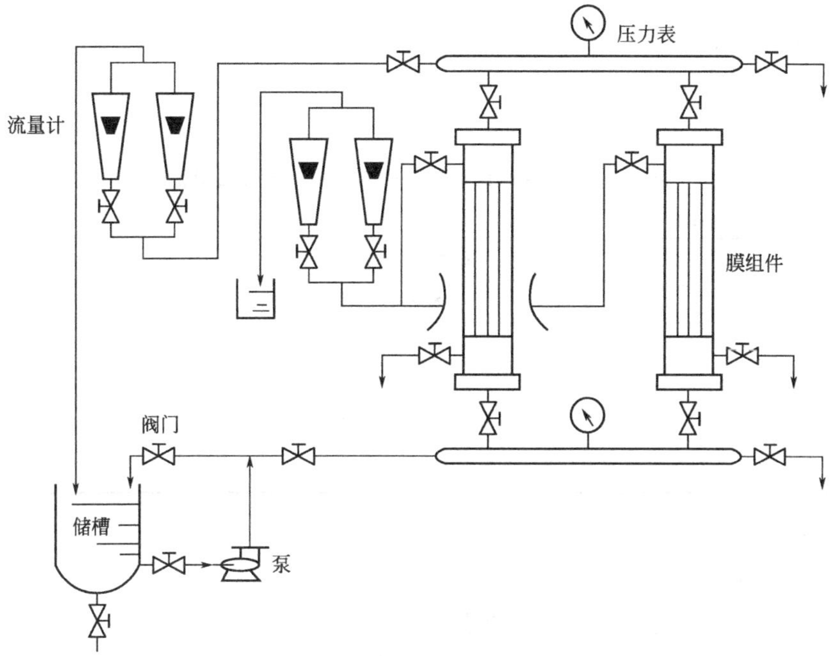

图 5-10　中空纤维超滤膜浓缩表面活性剂实验装置示意图

(3) 主要分析仪器

751 型紫外分光光度计，用于测定溶液浓度。

【实验步骤】

(1) 实验方法

在 0.1MPa 压力和室温下，将预先配制的表面活性剂料液进行不同流量的超滤膜分离实验。在稳定操作 30min 后，取样品分析。取样方法：用移液管从表面活性剂料液储槽中取 5mL 浓缩液加入 100mL 容量瓶中。在透过液出口端用 100mL 烧杯接取约 50mL 透过液，然后用移液管从烧杯中取 10mL 透过液放入另一个容量瓶中。在浓缩液出口端用 100mL 烧杯接取约 50mL 浓缩液，并用移液管从烧杯中取 5mL 浓缩液放入第三个容量瓶中。利用 751 型紫外分光光度计，测定三容量瓶中表面活性剂的浓度。

(2) 操作步骤

① 开启 751 型紫外分光光度计，预热 20min 以上。

② 放净超滤组件中的保护液。若长时间内不进行膜分离实验，必须在超滤组件内加入保护液，以防中空纤维膜被微生物侵蚀而损伤。

③ 为去除残余的保护液，用自来水清洗中空纤维超滤膜组件 2～3 次。

④ 检查实验系统阀门开关状态，使系统各部位的阀门处于正常运转状态。

⑤ 在料液计量槽加入预先配制的表面活性剂料液，记录相应体积。用移液管取 5mL 料液放入 100mL 的容量瓶，测定原料液的初始浓度。

⑥ 向泵内注满原料液，启动泵。

⑦ 泵稳定运行 30min 后，按上述实验方法进行实验，做好记录。实验完毕后，停止设备运行。

⑧ 清洗中空纤维超滤膜组件。

⑨ 加保护液。

【实验数据处理】

(1) 实验条件和数据

实验数据记录见表 5-5。

表 5-5 中空纤维超滤膜浓缩表面活性剂实验数据

压力(表压):____ MPa　　　　温度:____℃

实验序号	起止时间	浓度/(mg/L)			流量/(L/h)	
		原料液	浓缩液	透过液	浓缩液	透过液

(2) 数据处理

① 表面活性剂截留率(R):

$$R=\frac{\text{原料液初始浓度}-\text{透过液浓度}}{\text{原料液初始浓度}}\times 100\%$$

② 透过液通量(J):

$$J[\mathrm{L/(m^2\cdot h)}]=\frac{\text{渗透液体积}}{\text{实验时间}\times\text{膜面积}}$$

③ 表面活性剂浓缩倍数(N):

$$N=\frac{\text{浓缩液中表面活性剂浓度}}{\text{原料液中表面活性剂浓度}}$$

④ 在坐标图上绘制 R-流量、J-流量和 N-流量的关系曲线。

【结果与讨论】

① 解释超滤膜分离的机理。

② 升高料液的温度对膜通量有哪些影响?

③ 在实验中,操作压力过高会导致什么后果?

④ 超滤膜组件长期不用时,为何要加保护液?

⑤ 在启动泵之前为何要灌泵?

5.5　泡沫分离法提取稀溶液中的有用成分

【实验目的】

① 学习和了解泡沫分离法的基本原理及装置。

② 测定废水净化的分离因子。

③ 了解测定气泡泡径分布的仪器并取得有关数据。

【实验原理】

泡沫吸附分离是基于物质的不同表面性质。当惰性气体在溶液中鼓泡时，可选择性地把某一组分吸附在气泡表面上，直至带到溶液上方泡沫层内浓缩并加以分离。泡沫分离的对象既可以是表面活性物质本身，也可以是能和表面活性剂络合或螯合的其他物质。

泡沫分离的流程可分为间歇操作和连续操作两种类型。其中连续分离流程又可分为精馏型、提馏型和全馏型三种形式(见图 5-11)。以连续操作的全馏型泡沫分离塔为例：原料液（F)从塔的中部引入，圆筒形塔体分成上下两个部分。下部为溶液鼓泡层，设有气体鼓泡器，气体由此引入塔内鼓泡而上，下部还设有液体出口，排出经净化或分离出有用物质后的残液（W)。塔中液面以上区域为泡沫层，在鼓泡层中因吸附作用而富集活性物质的气泡组分在泡沫层聚集并继续上升，上升的泡沫与泡沫间隙中的液体（间隙液）逆流传质，升至塔顶排出，并在塔顶旁的破沫器内消泡，所得的泡沫液即为塔顶产品，其中所富集的溶质称富集物。

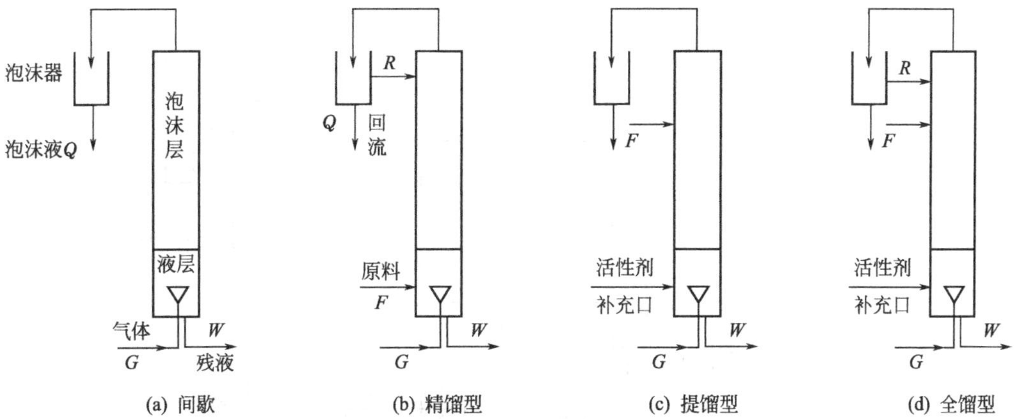

图 5-11　泡沫分离流程示意图

破沫器的作用在于消泡以获得塔顶产品，操作中泡沫液也可在塔顶部分回流，以维持塔顶产品的稳定。塔内的泡沫层的稳定性取决于溶液内表面活性剂（捕集剂）的浓度。

对于提馏型塔和全馏型塔，由于提馏段的作用会使塔釜内表面活性剂相应减少，故还必须在鼓泡层侧另设捕集剂补充口，用以形成稳定的泡沫。

由此可见，泡沫分离过程必须具备两个条件：其一，所需分离的溶液能够被吸附或附着在气液界面上，该物质可以是活性物质，也可以利用它和表面活性剂作用来达到上述目的。其二，在分离过程中，富集物是借泡沫的作用达到与原料液分离和在塔顶富集的目的。前者以表面化学为理论基础，后者涉及泡沫本身的结构和特征，两者都是泡沫分离的要素。

泡沫分离是个冷过程，耗能极少。它特别适合于处理含量为百万分之一（ppm）级的稀溶液，此时可达较高的分离因子，其计算如下：

$$\alpha_{ij}=\frac{c_Q}{c_f} 或 \alpha_{iz}=\frac{c_f}{c_W}$$

【预习与思考】

① 泡沫吸附分离的依据是什么？

② 泡沫分离流程分几类？连续分离流程有哪几种操作方式？

③ 提馏型塔和全馏型塔为什么要设置捕集剂补充口？

④ 泡沫分离过程的实现需具备哪两个基本条件？

⑤ 精馏型塔和提馏型塔各适用于什么场合？

⑥ 泡沫分离各塔型的传质是如何实现的？

【实验装置】

泡沫分离实验流程如图 5-12 所示。处理对象为含表面活性剂的稀溶液（废水溶液），净化步骤如下：废水出泵后经转子流量计和阀门控制在一定流量下进入提馏塔塔顶，并顺泡沫而下直至塔底排出，并连续依靠位差通过鼓泡塔 a 和鼓泡塔 b。经三级吸附去除大部分表面活性剂后，由鼓泡塔 b 底流出，即为净化水。各塔塔底气体分布器的气体由空气无油压缩机压缩至一定压强，分别经各自的阀门、流量计计量后，送至塔内鼓泡，气泡在鼓泡层上方积集并形成泡沫层和塔顶流入的废水逆流相接触，泡沫层缓慢上升并从塔顶流入转盘破沫器，消泡后的液体为泡沫液。

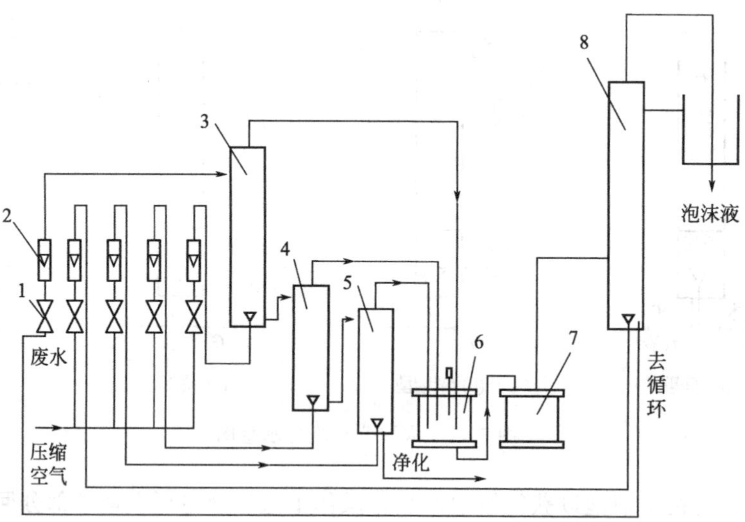

图 5-12　泡沫吸附法脱废水中表面活性剂流程

1—阀门；2—流量计；3—提馏塔；4—鼓泡塔 a；5—鼓泡塔 b；6—破沫器；7—软管泵；8—全馏塔

【实验步骤】

(1) 实验操作

① 开空气压缩机，并调节阀门，使各自的转子流量计指示在一定刻度（流量）。

② 开液体泵，调节阀门，使液体流量计指示在一定流量。

③ 待前三塔已经建立稳定的气液流动后，开启破沫器转盘电机，进行破沫操作。

④ 待破沫器储有一定量液体后，开启软管泵，向全馏塔送液，直至建立稳定的气液流动。

⑤ 稳定操作半小时左右，可开始取样操作（原始水样，净化水样，泡沫液样）。

⑥ 记录水量和各塔的气量以及分析结果。

⑦ 按次序，停软管泵、破沫器、泵、空压机，关闭所有的流量计。

（2）分析方法

表面活性剂（十二烷基苯磺酸钠）的分析采用紫外分光光度法。吸光度 E 和液相浓度 c(mg/L)的关系式为：

$$c=25.1594E+0.1096$$

【实验数据处理】

① 填写原始数据和实验结果表。

② 计算出全系统和各塔的分离因子 α_{ij} 或 α_{iz}。

符号说明：

c——溶液中表面活性剂的浓度，mg/L；

α_{ij}，α_{iz}——分离因子；

下标 Q、f、W——产物、料液、残液。

5.6 降膜熔融结晶法分离提纯对二氯苯

【实验目的】

① 理解多级分步结晶的分离原理。

② 掌握结晶分离工艺研究的基本方法，初步了解结晶器结构设计的重要性。

【实验原理】

混合二氯苯是指对二氯苯（PDCB）和邻二氯苯（ODCB）的混合物，其在工业生产中主要有两个来源：①由苯定向氯化法制得，组成为 PDCB 87%～90%，ODCB 10%～13%；②源于氯苯生产的副产物，组成为 PDCB 65%～70%，ODCB 30%～35%。由于 ODCB 和 PDCB 在应用时对纯度要求都比较高，尤其是 PDCB 要求纯度达 99.9%以上，因此，必须对混合二氯苯进行分离。

为寻找合适的分离方法，对两者的物理性质进行比较，发现二者沸点相差很小（PDCB 174℃，ODCB 179℃），熔点却相差颇大（PDCB 53℃，ODCB −17℃），表明结晶分离比精馏法可行性更强。从邻、对二氯苯的固液平衡相图（图 5-13）可知，两者的混合物属共熔型物系，在−24.4℃存在共晶点，共晶组成为：PDCB 15%，ODCB 85%，要制得目标产物对二氯苯，晶析操作必须在共晶点右侧区域内进行，而上述来源的混合二氯苯原料其组成正好位于该区内，故采取以温度为调控手段的分步熔融结晶法，可实现对二氯苯分离提纯的目的。

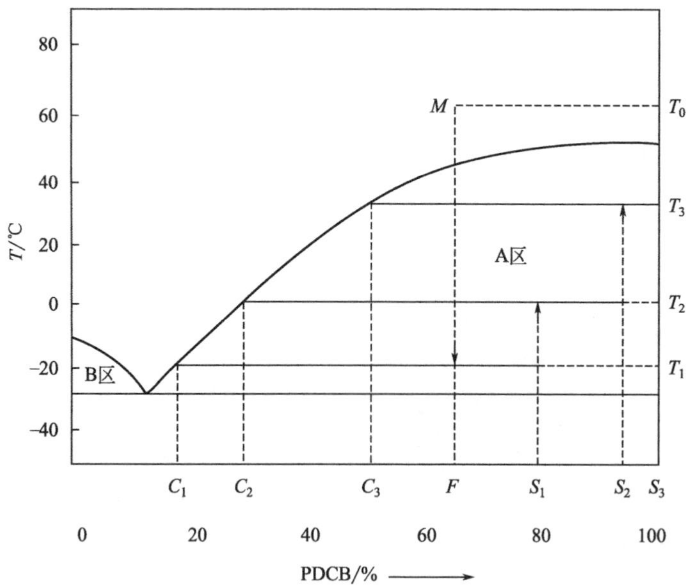

图 5-13 邻、对二氯苯的固液平衡相图

若根据邻、对二氯苯的固液平衡相图来分析结晶过程，理论上讲，任一组成为 F，温度为 T_0 的混合物 M，通过缓慢冷却降温至 T_1，应该得到纯 PDCB 晶体和组成为 C_1 的共晶母液，但实际上，由于母液在晶体表面的吸附以及在晶簇内的包裹，只能得到组成为 S_1 的非

纯晶体。所以，必须采用多级分步结晶的方法来达到提纯晶体的目的，其操作方法及分离原理如相图所示：原料M被冷却降温至T_1，除去母液后，将组成为S_1的晶体升温至T_2，建立新的平衡，得到组成为C_2的母液和纯度为S_2的晶体，晶体纯度提高，同理，再将晶体S_2升温至T_3，将得到组成为C_3的母液和纯度为S_3的晶体，如此逐级升温，便可获得高纯度的PDCB晶体产品。据此原理，工业上开发了各种类型的结晶器，采用分步结晶或降膜发汗结晶的方法来分离混合二氯苯，获取高纯度的对二氯苯。

本实验将主要研究双降膜发汗结晶法分离提纯对二氯苯的过程。所谓双降膜发汗结晶，是将熔融态的原料液沿结晶器的冷却面膜状分布，并通过冷却面与膜状流动的冷却介质换热，在一定温度下冷冻结晶，形成一定厚度的晶体层，然后，通过冷冻和升温切换操作，逐步升温，使晶体层中的杂质熔化渗出（形同晶体“出汗”），达到除杂提纯的目的。

降膜结晶是一个传热、传质同时进行的过程，其动力学特性比较复杂。影响降膜结晶过程的因素有很多，其中最重要的两个是结晶温度和流动状态。结晶温度可通过冷却介质的温度T_c来控制，T_c可依据相图来选取；流动状态可用雷诺数（Re）来衡量，在假设膜厚均匀、晶层和液膜呈完美的环隙柱状面的情况下，液膜下降过程中的Re可按下式计算：

$$Re=\frac{4\Gamma}{\mu}=\frac{4W}{\pi d_0\mu}=\frac{4\rho_L Q}{\pi d_0\mu}$$

式中，Γ为线性喷淋密度，kg/(m·s)；μ为动力黏度，Pa·s；ρ_L为料液密度，kg/m^3；W为料液循环质量流量，kg/s；Q为料液循环体积流量，m^3/s；d_0为降膜结晶管的内径（管内降膜）或外径（管外降膜），m。

从上式可看出，若忽略料液黏度和密度随温度及组成的变化，则Re仅随料液流量Q变化。

【预习与思考】

① 采用单级熔融结晶的方法能否将邻、对二氯苯完全分离？为什么？

② 采用熔融结晶的方法从混合二氯苯中分离提纯对二氯苯，混合的组成为什么必须落在相图的A区？如果落在B区，得到的晶体是什么？

③ 影响降膜结晶过程的因素有哪些？这些因素是分别通过哪些参数来描述的？

④ 要减少母液在晶体中的附着和裹挟，除了上述的分步结晶或发汗结晶方法外，还可以采取哪些其他的结晶方法？可采取哪些操作手段来迫使母液脱离晶体？

【实验装置】

降膜结晶实验装置如图5-14所示，降膜结晶装置由结晶器、原料储槽、产品储槽、计量泵和控温设备组成。主体为不锈钢双降膜结晶器，结晶管内径$d_0=0.027$m，有效结晶段长度$L=0.857$m，容积$V_c=600$mL，外设夹套。操作时，原料熔体由计量泵从底部的料液循环储槽送入结晶器顶部分布器后，自上而下沿结晶管内壁呈膜状流下，与管外并流流动的冷却介质换热。熔体中的对二氯苯在内壁结晶。结晶过程连续操作，为防止物料结晶，原料储槽、产品储槽和管线均有保温措施。晶体与母液的组成采用气相色谱分析。

【实验步骤】

① 以纯PDCB和ODCB为原料，配制质量为M_F、PDCB含量为90%（质量分数）左右的二氯苯混合物作为原料，将原料熔化并加入料液循环储槽中（约500～600mL），取样

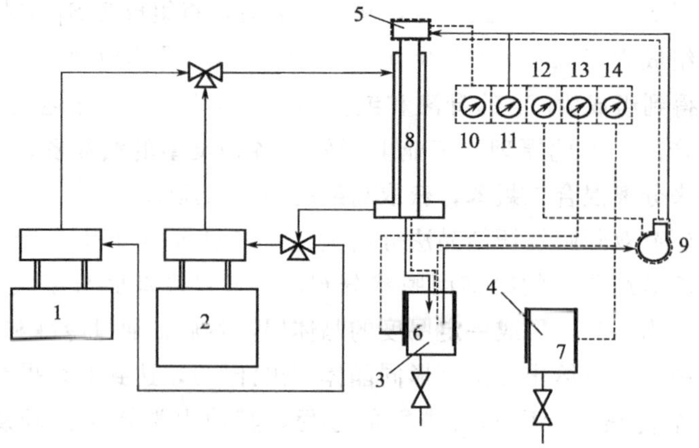

图 5-14　降膜结晶实验装置

1—超级恒温槽；2—低温恒温槽；3～5—水银温度计；6—料液循环储槽；
7—产品储槽；8—降膜结晶器；9—隔膜计量泵；10～14—调压电压表

分析原料组成 c_F。

② 开启装置总电源，调节各保温装置电压表，控制储槽内温度约 70℃，使热料液循环。

③ 打开低温恒温槽，将冷却介质的温度控制在－10℃，由泵输送入结晶器的冷却介质分布器内，使冷却介质呈膜状沿结晶器的外壁循环流动。

④ 开启料液循环计量泵，通过泵上的冲程调节旋钮控制流量为 V(mL/min)，将料液送入结晶器顶部的分布器内，使料液均匀地沿结晶管内壁降膜结晶，结晶期间，料液再通过计量泵保持循环，直至结晶层达到一定的厚度。操作时，注意保持结晶器顶部料液分布器的温度在 60℃左右，循环结晶时间约 1h。结晶过程结束后，停止料液循环，保持冷却介质循环，恒温养晶 30min，排出残余母液，称取母液总质量 W。

⑤ 将夹套内换热介质的温度升至 60℃，使晶体全部熔融，收集熔体，称取其质量 M_C，并分析其组成 c_C。

⑥ 调节循环泵，改变原料液的流量 V（或改变冷却介质温度），重复上述操作步骤①～⑤。

【实验数据处理】

① 实验数据记录列入表 5-6～表 5-9。

表 5-6　流量实验原始数据记录表

大气压 p_0 ____ kPa；室温 t ____℃；日期：____年__月__日

序号	料液流量 V /(mL/min)	料液重 M_F/g	料液组成 c_F（质量分数）/%	晶体重 M_C/g	晶体组成 c_C（质量分数）/%
1					
2					
3					
4					
5					

表 5-7 温度实验原始数据记录表

大气压 p_0 ____ kPa；室温 t ____℃；日期：____年__月__日

序号	冷却介质温度 T_c/℃	料液重 M_F/g	料液组成 c_F（质量分数）/%	晶体重 M_C/g	晶体组成 c_C（质量分数）/%
1					
2					
3					
4					
5					

表 5-8 流量实验结果记录表

序号	料液流量 V/(mL/min)	晶体质量 M_C/g	晶体纯度 Y_C（质量分数）/%	产品收率 η/%	母液浓度 X_W（质量分数）/%
1					
2					
3					
4					
5					

表 5-9 温度实验结果记录表

序号	冷却介质温度 T_c/℃	晶体质量 M_C/g	晶体纯度 Y_C（质量分数）/%	产品收率 η/%	母液浓度 X_W（质量分数）/%
1					
2					
3					
4					
5					

② 数据处理。

产品收率：

$$\eta=\frac{M_C Y_C}{M_F Y_F}$$

母液浓度：

$$X_W=\frac{M_F Y_F-M_C Y_C}{W}$$

【结果与讨论】

① 根据实验结果，标绘结晶温度与晶体纯度和收率的关系，并讨论结果。

② 根据实验结果，标绘原料流量与晶体纯度和收率的关系，并讨论结果。

③ 根据上述实验结果，可以获得哪些对结晶过程放大有价值的数据？

④ 根据实验体会，分析影响降膜结晶分离效果的设备因素有哪些？为保证原料液膜在结晶器管壁均匀分布，请提出设想，并画出草图。

第6章 精细化工工艺学实验

6.1 熔点的测定

【实验目的】

① 学习测量熔点的原理。

② 掌握熔点的测定方法。

【实验原理】

物质的熔点是指物质在常压下由固态转变为液态时的温度。熔点值的大小受物质组成、环境组成等因素的影响。例如，在相同的环境条件下，纯净的油脂和脂肪酸的熔点是固定的，而一般的油脂和脂肪酸，它们的熔点与其组成和分子结构密切相关。组成油脂或脂肪酸的碳链愈长、饱和程度愈高熔点愈高，双键位置不同，熔点也有差异。

测定熔点的方法主要有毛细管法、广口小管法、膨胀法等，一般常用毛细管法。

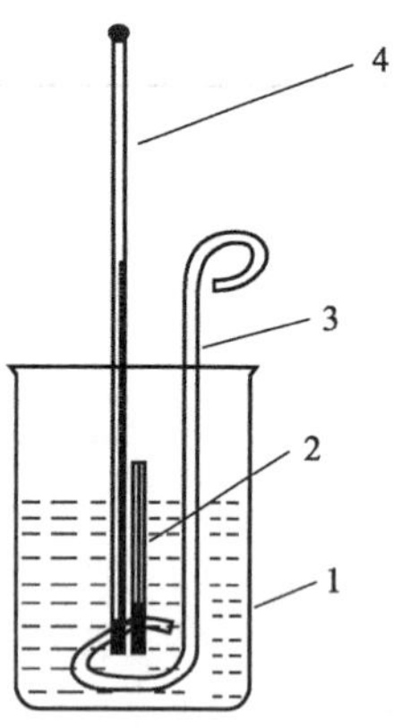

图 6-1　毛细管法熔点测定装置

1—烧杯；2—毛细管；

3—搅拌器；4—温度计

【实验仪器】

毛细管（1支）；温度计（0～100℃，1支）；圈式搅拌器；烧杯（1000mL，1个）；电炉。

【实验试剂】

油脂或脂肪酸；水。

【实验步骤】

本方法采用毛细管法，其实验装置见图 6-1。

首先将天然油脂样品熔化，将毛细管一端插入，使样品在毛细管中上升 10～15mm。然后，对毛细管中的样品进行低温处理，使样品凝固，并封闭毛细管另一端，用橡皮圈将毛细管固定在温度计上，试样与温度计水银球平齐。

将圈有毛细管的温度计插入已盛半杯冷水的烧杯中，用电炉对烧杯缓缓加热，并用圈式搅拌器加以搅拌，使水温每分钟升高 0.5℃，同时注意观察毛细管内的油脂高度的变化。当油脂在毛细管内刚上升时，表示油脂发生熔化，此时温度计的读数即是样品油脂的熔点。

【注意事项】

① 天然油脂的纯度不高，熔点不够明显。

② 毛细管装入油脂后，应置于低温处静置过夜，经过 24～48h。因油脂不能在冷却后立即结晶，若未充分冷却，一般熔点偏低。有人提出在 4～10℃下过夜，测定结果较准确。

③ 温度上升过快，测得熔点一般偏高，熔点高于 100℃的样品应用油浴代替水浴。

④ 毛细管使用前必须用铬酸洗液清洗干净并干燥。油脂熔点两次平行测定结果允许差一般不大于 0.5℃。

【思考题】

① 测定熔点的主要意义是什么？

② 本实验用的毛细管与有机化学实验中的 b 形管有何异同？

6.2 凝固点的测定

【实验目的】

① 学习测定凝固点的原理。

② 了解测定油脂或脂肪酸等物质的凝固点对油脂配方的重要指导作用。

③ 掌握凝固点的测定方法。

【实验原理】

凝固点是油脂和脂肪酸的重要质量指标之一。凝固点是指在常压下熔化为液态的油脂或脂肪酸缓慢冷却逐渐凝固时，由于凝固放出的潜热而使温度略有回升的最高温度，所以熔化和凝固是互为可逆的平衡现象。一般情况下物质的凝固点要比熔点略高 1～2℃，且凝固点不明显，如天然的油脂无明显的凝固点，若是纯物质，则在相同环境条件下，其熔点和凝固点应相同，且为固定值。

【实验仪器】

广口瓶（1 个）；温度计（0～100℃、0～150℃、各 1 支）；玻璃搅拌棒；烧杯（2000mL，1 个）；试管（1 支）；滤纸；电炉；虹吸装置（1 套）。

脂肪酸凝固点测定仪装置如图 6-2 所示。

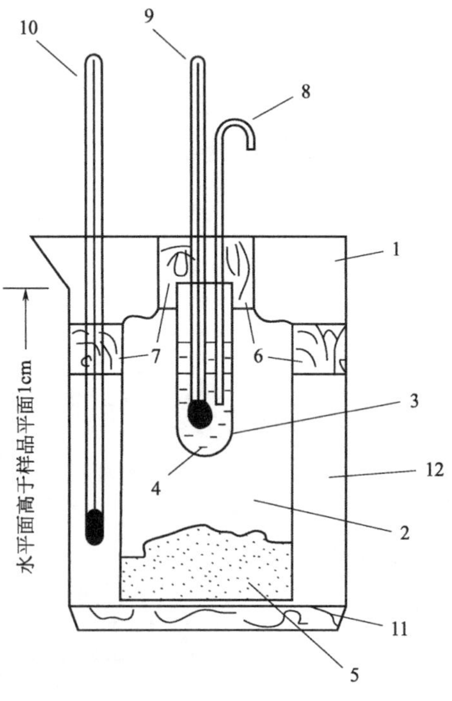

图 6-2 脂肪酸凝固点测定仪装置

1—烧杯；2—广口瓶；3—试管；4—试样；5—重物；6,7—软木塞；8—玻璃搅拌棒；9,10—温度计；11—软木垫；12—水浴

【实验试剂】

油脂或脂肪酸；制备脂肪酸时用 KOH 或 NaOH。

【实验步骤】

首先将脂肪酸样品烘干、冷却，以除去其中的水分。然后将脂肪酸样品装入试管中至相应刻度，并放入温度计和玻璃搅拌棒，温度计的水银球位于脂肪酸样品的中部，其温度读数要高于该样品的凝固点 10℃以上。随后，将此盛有试样的试管通过广口瓶瓶口的软木塞安装在广口瓶中，然后将广口瓶置于装有水的烧杯中（水平面高于样品平面 1cm）。

具体操作如下：

若待测试样（脂肪酸）的凝固点高于 35℃，水温应保持在 20℃；

若待测试样（脂肪酸）的凝固点低于 35℃，水温应调到凝固点下 15～20℃。

用套在温度计上的玻璃搅拌棒作上下 40mm 的匀速搅拌，搅拌速度为 80～100 次/min。每隔 15s 记录一次数据，当观察到温度计的读数稳定约 30s 时立即停止搅拌。此时，密切观察温度计水银柱的骤然上升现象。上升的最高点，即为该样品脂肪酸的凝固点。

【注意事项】

温度计插入脂肪酸之前，用滤纸包着水银球，以手捂热，避免玻璃表面温度较低而结一层薄膜，影响观察读数。读数平行测定允许误差为 0.3℃。

【思考题】

① 测定凝固点的主要意义是什么？

② 化合物的凝固点和熔点有何区别？

附：　　　　脂肪酸的制备

将油脂用 KOH 或 NaOH 皂化，所得产物与酸进行水解反应即得脂肪酸，具体操作步骤如下。

首先，在 500mL 锥形瓶中称取 50g 左右的油脂样品，加入 100mL 的 95％乙醇、40mL 40％KOH 溶液，在水浴的条件下用冷凝管冷凝回流，并进行皂化反应，反应完全后加热蒸馏产物以回收乙醇。然后，在锥形瓶中（内有皂化产物）加入约 300mL 热水，并将产物移入烧杯中，用 20％硫酸进行酸化，直至脂肪酸层透明为止，用虹吸法去除下层的酸液，继续加入热水约 200mL，充分搅拌，静置分层，分离下层水溶液，照此反复洗涤 2～3 次。然后将所得产物（即脂肪酸）于 105℃干燥箱中烘干，或于电热板上加热除去水分，产品脂肪酸即可作测定凝固点之用。

6.3 色泽的测定

6.3.1 罗维朋比色计法

【实验目的】

① 了解用罗维朋比色计法测定油脂色泽的原理。

② 掌握罗维朋比色计法测定油脂色泽的方法。

【实验原理】

物质颜色除与本身分子结构有关外，许多无色有机化合物因氧化或含有杂质等而带有不同色泽。例如，纯净的油脂应该是无色、无味的，而油脂的色泽通常受其纯度影响，其纯度愈高色泽愈浅。同时，油脂在精炼、储存过程中难免受到精炼方式及储存方法影响，使得油脂会具有不同程度的色泽。一般商品油脂都带有一定的色泽，见表 6-1。

表 6-1 常见商品油脂的色泽

商品油脂	色泽	商品油脂	色泽
羊油、牛油、硬化油、椰子油等	乳白色至灰白色	蓖麻油	黄绿色至暗绿色
豆油、花生油和精炼的棉籽油等	淡黄色至棕黄色	骨油	棕红色至棕褐色

油脂的色泽直接影响其产品的色泽。例如色泽较深的油脂，其生产的产品色泽也较深，这样的产品不会受到用户的欢迎，因此，测定色泽是油脂质量指标必不可少的项目。

测定色泽有罗维朋比色计法、铂-钴分光光度法等精确的测定方法，也有直接用肉眼观察等较粗略的方法。其中，罗维朋比色计法是利用光线通过标准颜色的玻璃片及油槽，用肉眼观察出与油脂色泽相近或相同的玻璃片色号，测定结果按玻璃片上标明的总数表示。

【实验仪器】

水浴锅，罗维朋比色计（其结构示意图见图 6-3）。

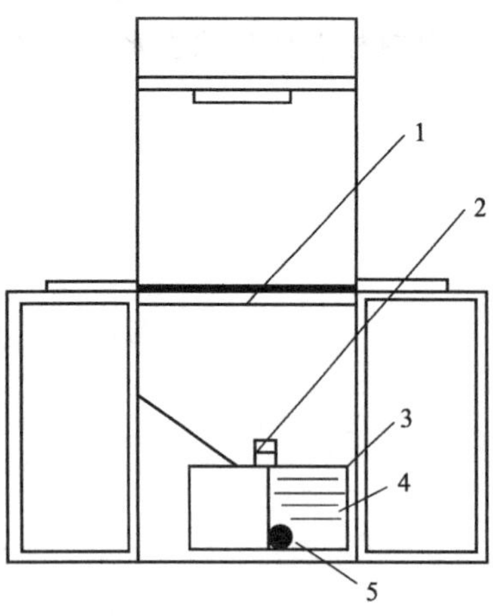

图 6-3 罗维朋比色计结构示意图

1—反光片；2—玻璃油槽；3—内装奥斯莱灯泡；4—标准颜色玻璃片；5—观察管

罗维朋比色计由两片碳酸镁反光片、玻璃油槽、两只 60W 奥斯莱（Osrain）灯泡、玻璃片和观察管等组成。其中玻璃片有红、黄、蓝三种标准颜色，在测量油脂的色泽时，主要用红色和黄色两种标准颜色玻璃片，玻璃片上标记有不同深浅颜色的数字号码，号码越大代表颜色越深。每 9 片装在一个标尺上，然后把不同颜色对应的不同标尺装入暗箱中，通过拉动标尺调整色泽。不同颜色玻璃片对应的数字有：

黄色：1.0，2.0，3.0，5.0，10.0，15.0，20.0，35.0，50.0，70.0；

红色：0.1，0.2，0.3，0.4，0.5，0.6，0.7，0.8，0.9，1.0，2.0，2.5，3.0，4.0，5.0，6.0，

7.0，8.0，9.0，10.0，11.0，12.0，16.0，20.0。

油槽用无色玻璃制成，有不同长度的数种规格，其长度必须非常准确，常用的是133.35mm 和 25.4mm 两种，有时也用到 50.8mm 或其他长度，视试样色泽的深浅而定。在用 133.35mm 的油槽观察时，若红色标准玻璃片上的号码超过 40 时，改用 25.4mm 油槽。在报告测定结果时，应注明所用槽长度尺寸。所有油槽厚度一致，形状见图 6-4。

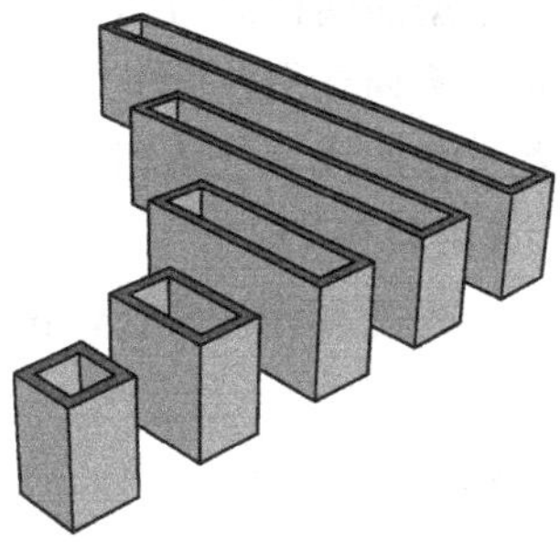

图 6-4　油槽形状

【实验试剂】

油脂样品。

【实验步骤】

首先，将澄清透明或经过滤的油脂样品注入适当长度的洁净油槽中，并将装有样品的油槽放入比色计内（切勿使手指印等污物黏附在油槽上），关小活动盖，仅露出玻璃片的标尺及观察管。样品若是固态或在室温下呈不透明状态的液体，应在不超过熔点 10℃ 的水浴上加热，使之熔化后再进行比色。

然后，进行比色，先将黄色玻璃片固定后再打开灯，再依次配入不同号码的红色玻璃片进行比色，直至玻璃片的颜色和样品的颜色完全相同或相近为止。黄色玻璃片可参考使用红色玻璃片的深浅来确定。详见表 6-2。

表 6-2　不同油脂样品玻璃片色号的选用

<table>
<tr><th rowspan="2">油脂</th><th colspan="2">玻璃片色号选用</th><th rowspan="2">油脂</th><th colspan="2">玻璃片色号选用</th></tr>
<tr><th>红色</th><th>黄色</th><th>红色</th><th>黄色</th></tr>
<tr><td rowspan="2">棉籽油</td><td>1.0～3.5</td><td>10.0</td><td rowspan="2">豆油</td><td>1.0～3.5</td><td>10.0</td></tr>
<tr><td>3.5 以上</td><td>70.0</td><td>3.5 以上</td><td>70.0</td></tr>
<tr><td rowspan="3">牛油及脂肪酸</td><td>1.0～3.5</td><td>10.0</td><td rowspan="3">椰子油及棕榈油</td><td rowspan="2">1.0～3.9</td><td rowspan="2">6.0</td></tr>
<tr><td>3.5～5.0</td><td>35.0</td></tr>
<tr><td>5.0 以上</td><td>70.0</td><td>3.9 以上</td><td>10.0</td></tr>
</table>

如果油脂带有绿色，用红、黄两种玻璃片不能将样品的颜色调配到一致时，可用蓝色玻璃片调整。测定结果以红、黄和蓝色玻璃片的总数表示，注明使用的油槽长度。

【注意事项】

① 配色时若色泽与样品不一致，可取最接近的稍深的色值。

② 配色时，使用的玻璃片数应尽可能少。如黄色 35.0，不能以黄色 15.0 和黄色 20.0 的玻璃片配用。

【思考题】

① 不同深浅的红、黄、蓝色三种标准颜色玻璃片应如何配合使用？

② 两种玻璃片（红色和黄色）标有不同的号码，号码与颜色有何关系？

6.3.2　铂-钴分光光度法

【实验目的】

① 了解用铂-钴分光光度法测定油脂色泽的原理。

② 掌握铂-钴分光光度法测定油脂色泽的方法。

【实验原理】

根据油脂样品与铂-钴标准色号有相似光谱吸收的特性，用分光光度计在一定波长下，测定一系列标准色度的吸光度，绘出工作曲线。在相同波长下测定样品的吸光度，对照已绘出的工作曲线，查得相应的油脂色泽值，并以铂-钴色度单位（Hazen）共同表示。

【实验仪器】

分光光度计（波长范围 360～800nm）；六孔恒温水浴锅；烧杯（50mL，若干只）；容量瓶。

【实验试剂】

六水合氯化钴（$CoCl_2 \cdot 6H_2O$）；氯铂酸钾（K_2PtCl_5，分析纯）；盐酸。

【实验步骤】

（1）仪器的安装和校正

① 分光光度计应安置在平稳的工作台上，室内干燥、照明不宜太强，并禁止用电扇直接向仪器吹风。

② 检查各调节旋钮位置是否正确，接通电源，调整电表的指针，使指针处于“0”位上。

③ 接通电源，打开比色皿暗箱盖，调节“波长”旋钮，把波长调整到 420nm，将“放大器灵敏度选择”旋钮置于“2”。调节“调零”旋钮，使电表指针处于“0”位。盖好比色皿暗箱。比色皿处于蒸馏水校正位置，使光电管受光，调节“满度”旋钮，使电表指针到满度位置。

④“放大器灵敏度”旋钮位置的选择原则是：在保证能使“满度”旋钮良好地调节，使电表处于满度状态时，尽可能使“灵敏度”旋钮调到较低一挡的位置，以便使仪器有更高的稳定性。使用时先置“1”的位置，如灵敏度不够，需逐渐升高，改变灵敏度位置后需按③重新调整电表的“0”位和满度。

⑤ 仪器按③的规定调整后，预热约 20min，然后再按③的规定，反复调整几次，直到电表指针正确指向“0”位和满度为止。

（2）标准工作曲线的绘制

① 标准色度母液的制备。在 1000mL 容量瓶中，溶解 100g 六水合氯化钴和 1.245g 氯铂酸钾于水中，加入 100mL 盐酸溶液，稀释至刻度，并混合均匀。

② 铂-钴标准色度溶液的配制。将标准色度母液按表 6-3 所列的体积分别移入 20 只 100mL 容量瓶中，用蒸馏水稀释至刻度摇匀，即成铂-钴标准色度溶液。

表 6-3　铂-钴标准色度溶液的配制

铂-钴色度/Hazen	5	10	15	20	25	30	35	40	50	60
吸取标准母液体积/mL	1	2	3	4	5	6	7	8	10	12
铂-钴色度/Hazen	70	100	150	200	250	300	350	400	450	500
吸取标准母液体积/mL	14	20	30	40	50	60	70	80	90	100

③ 铂-钴色度-吸光度标准工作曲线的绘制。将配制的 20 只铂-钴标准色度溶液逐一置于 10cm 比色皿中。用蒸馏水作参比，以分光光度计在波长 420nm 处测定其吸光度（A）。然后用回归分析法求出直线方程 $y=a+bx$。利用此直线方程，以铂-钴色度为纵坐标，吸光度为横坐标，分两段绘制标准工作曲线。

(3) 分光光度法测定油脂样品的吸光度

将油脂样品放入干燥、洁净的 50mL 烧杯中，在水浴上加热至 75℃±5℃，待全部熔化后，立即倒入预先温热过的 10cm 比色皿中进行测定，读出吸光度数值。重复 3 次测定的读数值的平均值作为最后的测定结果。

【注意事项】

① 3 次测定的读数值极差不大于 0.005。

② 由 3 次测定结果的吸光度平均值，查询铂-钴色度-吸光度标准工作曲线，得到相应的色度值，或将吸光度平均值代入直线方程式，求得色度值，此值即为样品的色泽。

【思考题】

测定油脂色泽用铂-钴分光光度法与罗维朋比色计法，试比较两种方法的异同。

6.4 折射率的测定

【实验目的】

了解阿贝折射仪测定折射率的原理，掌握其测试方法。

【实验原理】

光线自一种透明介质进入另一种透明介质时，便产生折射现象。这种现象是由于光线在各种不同介质中传播的速度不同所造成的。所谓折射率是指光线在空气中传播的速度与其在其他物质中传播的速度的比值。在一定温度下，对一定的介质，其比值为一常数，不同的介质有不同的折射率。折射率是物质的特性常数，除与光线波长、温度有关外，主要取决于该物质的结构。

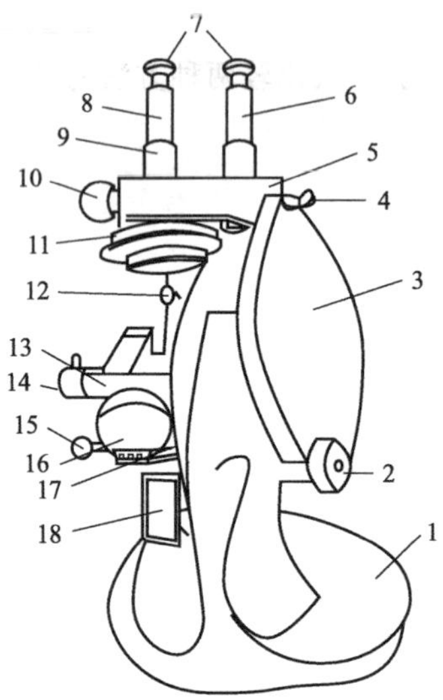

图 6-5　阿贝折射仪结构

1—底座；2—棱镜转动手轮；3—圆盘组（内有刻度板）；4—小反光镜；5—支架；6—读数镜筒；7—目镜；8—望远镜筒；9—示值调节螺钉；10—阿米西棱镜手轮；11—色散值刻度圈；12—棱镜锁紧扳手；13—棱镜组；14—温度计座；15—恒温器接头；16—保护罩；17—主轴；18—反光镜

【实验仪器】

阿贝折射仪：是根据测定临界角的原理而设计的，其结构如图 6-5 所示。

恒温水浴（准确度 0.1℃）。

【实验试剂】

乙醚或乙醇。

【实验步骤】

在阿贝折射仪上插入温度计，旋紧，并通入 20℃的恒温水，稳定约 20min。打开折射仪的两面棱镜，用擦镜纸或脱脂棉蘸取乙醚或乙醇拭净，待棱镜完全干燥后，用玻璃棒滴加 1～2 滴试样于下面的棱镜上，迅速闭合棱镜即锁棱镜（若被测试液为易挥发物质，则在测定过程中须用滴管在棱镜组侧面的一个小孔内补充），静置数分钟，使试样温度达到 20℃，调节反光镜，使镜筒视场明亮，得到最强的光线。旋转棱镜转动手轮，在镜筒中观察明暗分界线，使分界线调节在两条交叉线的交点上，同时旋转色散棱镜手轮，使视场中除明显的两色外无其他颜色。

观察读数镜内所指的刻度值，此值即为所测物质的折射率 n_D，读数应估计到 0.0001。一般重复调节三次读数，取其平均值。

【注意事项】

① 仪器校正方法。在标准玻璃块的抛光面上加 1～2 滴溴化萘，贴在折射棱镜的抛光面上，标准玻璃块抛光的一端应向上，以接受光线。当读数镜内指示于标准玻璃块上的刻度线时，观察望远镜内明暗分界线是否在十字线中间，若有偏差则用方孔调节扳手转动示值调节螺钉使明暗分界线调整至中央，在以后测定过程中不允许再动螺钉。

② 如在室温测折射率时，可按下式核算到 20℃时的折射率（A）。

$$A = \gamma + f(t - 20) \tag{6-1}$$

式中，γ 为室温（t）时的折射率；t 为测读折射率时的温度；f 为每差 1℃时折射率的校正数。

平行试验的允许差为 0.0002。

注：在测定折射率前，应先用二级蒸馏水校正折射仪。

但在室温为 10℃以下或 30℃以上不可用上式计算，须通过恒温水流，使试样达到规定温度后测定。不同温度下蒸馏水的折射率如表 6-4 所示。

表 6-4　不同温度下蒸馏水的折射率

温度/℃	折射率	温度/℃	折射率	温度/℃	折射率
10	1.3337	20	1.3330	30	1.3319
12	1.3336	22	1.3328	32	1.3316
14	1.3335	24	1.3326	34	1.3314
16	1.3333	26	1.3324		
18	1.3332	28	1.3322		

【思考题】

温度对折射率有何影响？

6.5 羟值的测定

6.5.1 高氯酸法

【实验目的】

掌握含羟基有机化合物羟值的测定方法。

【实验原理】

羟值也称羟价，是指中和1g样品乙酰化的醋酸所消耗的氢氧化钾的质量。本法用于测定含羟基官能团化合物的羟值。先用醋酸酐进行酯化反应，过量的醋酸酐用氢氧化钾标准溶液反滴定，反应中消耗的醋酸酐用氢氧化钾的质量表示。含羟基的有机化合物经高氯酸乙酰化试剂酰化后，剩余的酰化试剂经水解成醋酸，用标准碱滴定醋酸，由此可以计算出羟值。

【实验仪器】

碘值瓶（250mL）；移液管（5mL）。

【实验试剂】

醋酸酐-醋酸乙酯酰化剂：将150mL醋酸乙酯加入250mL碘值瓶中，慢慢加入4g（2.35mL）71%高氯酸，再慢慢加入8mL醋酸酐，于室温静置10min后，用冰水冷至5℃，再加入42mL冷的醋酸酐，在5℃继续冷却1h，此时溶液呈黄色。此试剂可保存2周。

0.5mol/L氢氧化钾水（或乙醇）标准溶液；酚酞指示剂（1%乙醇溶液）。

【实验步骤】

称取无水样品1.000～1.2000g（精确至0.0002g）置于250mL碘值瓶中，用移液管加入5mL醋酸酐-醋酸乙酯酰化剂，摇晃直至样品溶解。在室温下反应10～15min，随后加入10mL水，在室温下水解5min，然后加入酚酞指示剂3滴，用0.5mol/L氢氧化钾水（或乙醇）标准溶液滴定至呈微红色，并能维持30s不褪去为终点。同时在相同条件下做空白试验，则羟值计算如下：

$$\mathrm{HV}=\frac{(V_0-V_1)\times c\times 56.11}{m} \tag{6-2}$$

式中，HV为羟值，mg KOH/g；V_0为空白试验消耗氢氧化钾水（或乙醇）标准溶液的体积，mL；V_1为试样试验消耗氢氧化钾水（或乙醇）标准溶液的体积，mL；c为氢氧化钾水（或乙醇）标准溶液的浓度，mol/L；m为称取试样的质量，g；56.11为氢氧化钾的摩尔质量，g/mol。

【注意事项】

本法适用于高级醇的羟值测定。

【思考题】

① 做空白试验的意义是什么？做与不做对测定有何影响？为什么？

② 在试验中仪器不烘干带有水分对测定有什么影响？为什么？

6.5.2 对甲苯磺酸乙酰化法

【实验目的】

① 了解用对甲苯磺酸乙酰化法测定含羟基有机化合物的原理。

② 掌握对甲苯磺酸乙酰化法测定含羟基有机化合物的测定方法。

【实验原理】

对甲苯磺酸乙酰化法与高氯酸法相同，只是用较温和的对甲苯磺酸催化剂代替高氯酸。

【实验仪器】

碘值瓶（250mL）；移液管（5mL）。

【实验试剂】

醋酸酐-醋酸乙酯酰化试剂：在清洁干燥的500mL棕色瓶中加入300mL醋酸乙酯，再加入对甲苯磺酸14.4g，用电磁搅拌器搅拌溶液至酸完全溶解，然后慢慢加入120mL醋酸酐，并同时搅拌。溶液会有一点黄色，只能保存一周。

0.5mol/L氢氧化钾乙醇标准溶液；混合指示剂：1份0.1%中性甲酚红和3份0.1%中性百里酚蓝混合液。

【实验步骤】

称取5～6mmol羟基化合物样品（精确至0.0001g）于250mL碘值瓶中，用移液管加入5mL醋酸酐-醋酸乙酯酰化试剂，加塞后置于50℃±1℃水浴中，使碘值瓶内物质完全浸在水面之下，5min后将碘值瓶取出，轻轻摇动，然后在水浴中反应10min。随后取出碘值瓶，加入10mL水，加入时冲洗瓶壁，让碘值瓶在室温下静置5min，以水解过量的醋酸酐。然后加入2～3滴混合指示剂，用0.5mol/L氢氧化钾乙醇标准溶液滴定至终点（由黄色变为蓝色）。同时在相同条件下做空白试验。重新称样测定样品的酸度。则羟值计算如下：

$$\mathrm{HV}=\frac{(V_1+V_0-V_2)\times c\times 56.11}{m} \tag{6-3}$$

式中，HV为羟值，mg KOH/g；V_1为测定样品酸度（校正后）消耗氢氧化钾乙醇标准溶液的体积，mL；V_0为空白试验消耗氢氧化钾乙醇标准溶液的体积，mL；V_2为样品试验消耗氢氧化钾乙醇标准溶液的体积，mL；c为氢氧化钾乙醇标准溶液的浓度，mol/L；m为称取样品的质量，g；56.11为氢氧化钾的摩尔质量，g/mol。

【注意事项】

① 若两次称取试样的质量不同，则V_1应进行校正：

$$V_1=\frac{m}{m_a}\times V_a \tag{6-4}$$

式中，m_a为测定样品酸值时称取样品的质量，g；V_a为测定样品酸值时消耗氢氧化钾乙醇标准溶液的体积，mL。

② 本法可快速且安全地测定乙氧基化物的羟值，控制乙氧基化反应，特别适用于低加聚度的乙氧基化物的测定。但受到游离聚乙二醇等物质的干扰，应对酸度或碱度进行校正。

【思考题】

本法与高氯酸乙酰化法比较有什么相同点及不同点？

6.6 皂化值的测定

【实验目的】

① 学习皂化值的定义及其测定原理。

② 掌握皂化值的测定方法。

【实验原理】

皂化值也称皂化价，即皂化 1g 试样所需氢氧化钾的质量，表示为 mg KOH/g。利用碱能皂化试样中的酯类和中和试样中的酸类，可用酸标准溶液滴定过量的碱。

【实验仪器】

锥形瓶（250mL）；回流冷凝器；加热器（水浴或电热板）；滴定管。

【实验试剂】

KOH 乙醇溶液（0.5mol/L）；HCl 标准溶液（0.5mol/L）；酚酞指示剂（1%乙醇溶液）。

【实验步骤】

称取样品 2g（精确至 0.001g），置于 250mL 锥形瓶中。用移液管加入 50mL 氢氧化钾乙醇溶液，装上回流冷凝管，置于水浴（或电热板）上维持微沸状态 1h。注意勿使蒸气逸出冷凝管。取下回流冷凝管后，加入酚酞指示剂 6～10 滴，趁热以盐酸标准溶液滴定至红色恰好消失为止。同时在相同条件下做空白试验。则皂化值计算如下：

$$\mathrm{SV}=\frac{(V_0-V_1)c\times 56.11}{m} \tag{6-5}$$

式中，SV 为皂化值，mg KOH/g；V_0 为空白试验消耗盐酸标准溶液的体积，mL；V_1 为试样试验消耗盐酸标准溶液的体积，mL；c 为盐酸标准溶液的浓度，mol/L；m 为称取样品的质量，g；56.11 为氢氧化钾的摩尔质量，g/mol。

【注意事项】

实验中所用乙醇应精制，方法如下：

称取硝酸银 1.5～2g，溶于 3mL 蒸馏水中，然后倒入 1000mL 乙醇中摇匀。另取化学纯氢氧化钾 3g，溶于 15mL 热乙醇中，冷却后再加入以上乙醇溶液中摇匀，静置澄清后，移出澄清液再进行蒸馏。

【思考题】

① 皂化值与酸值有何区别？

② 实验过程中为什么试样要维持微沸 1h？

6.7　酸值的测定

6.7.1　氢氧化钾水溶液法

【实验目的】

① 了解酸值的意义及掌握测定原理。

② 掌握酸值的测定方法。

【实验原理】

酸值也称酸价，即中和 1g 试样所需 KOH 的质量，表示为 mg KOH/g。其测定原理与一般中和反应类似。

【实验仪器】

锥形瓶（250mL）；碱式滴定管（25mL 或 50mL）。

【实验试剂】

KOH 标准溶液（0.2mol/L）；95%乙醇（分析纯）；酚酞指示剂（1%乙醇溶液）。

【实验步骤】

称取适量样品（精确至 0.0001g）置于 250mL 锥形瓶中，加入 95%乙醇（以酚酞为指示剂，用氢氧化钾溶液中和至微红色）约 70mL，加热使样品溶解。加入酚酞指示剂 6～8 滴，立即用 0.2mol/L 氢氧化钾标准溶液滴定至呈微红色，并能维持 30s 不褪色为终点。酸值计算如下：

$$AV=\frac{V\times c\times 56.11}{m} \tag{6-6}$$

式中，AV 为酸值，mg KOH/g；V 为滴定消耗氢氧化钾标准溶液的体积，mL；c 为氢氧化钾标准溶液的浓度，mol/L；m 为称取样品的质量，g；56.11 为氢氧化钾的摩尔质量，g/mol。

【注意事项】

① 样品的称取量决定于样品中脂肪酸量，例如，一般油脂 3～5g，椰子油 15g，蜡类 1～3g，羊毛醇、辛基十二醇 1～3g，脂肪醇（如月桂醇、油醇、硬脂醇、鲸蜡醇、鲸蜡十八醇）5～6g，羊毛脂肪酸 5～6g，香料 2～3g。

② 若测定醛类产品时，掌握粉红色呈现即为终点，因为活泼的醛类在滴定时极易氧化成酸。若测定冬青油和甜樟油时（这两种精油含有大量水杨酸甲酯），则要用水代替 95%乙醇，并用酚酞为指示剂。

在测定甲酸酯类（如甲酸香叶酯、甲酸苄酯）时，由于这类化合物遇碱极易水解，使酸值偏高，因此测定时溶液的温度保持在 0℃左右。试样颜色较深时，可用中性精制乙醇稀释，或用 pH 计指示。

③ 本法适用于油脂、蜡类、羊毛醇、脂肪醇、羊毛脂肪酸、香料。

【思考题】

① 本中和试验操作与一般中和反应操作有何相同点和不同点？

② 样品用量多少对滴定结果有何影响？

6.7.2 氢氧化钾乙醇溶液法

【实验目的】

同氢氧化钾水溶液法。

【实验原理】

同氢氧化钾水溶液法。

【实验仪器】

锥形瓶（250mL）；滴定管（碱式）。

【实验试剂】

KOH 乙醇标准溶液（0.1mol/L）；95%乙醇（分析纯）；酚酞指示剂（1%乙醇溶液）。

【实验步骤】

称取 0.5g 样品（精确至 0.0001g）置于 250mL 锥形瓶中，加入 95%乙醇（用酚酞作指示剂，以氢氧化钾乙醇溶液中和至微红色）50mL，加热使样品溶解，加入酚酞指示剂 3 滴，立即以 0.1mol/L 氢氧化钾乙醇标准溶液滴定至呈微红色，并能维持 30s 不褪去为终点。则酸值计算如下：

$$AV=\frac{V\times c\times 56.11}{m}$$

式中，AV 为酸值，mg KOH/g；V 为滴定消耗氢氧化钾乙醇标准溶液的体积，mL；c 为氢氧化钾乙醇标准溶液的浓度，mol/L；m 为称取样品的质量，g；56.11 为氢氧化钾的摩尔质量，g/mol。

【注意事项】

本法适用于脂肪酸类（如月桂酸、豆蔻酸、棕榈酸、油酸、硬脂酸、异硬脂酸、山嵛酸）和山嵛醇的酸值测定。

【思考题】

氢氧化钾水溶液法与氢氧化钾乙醇溶液法有何异同点？并加以说明。

6.8　酯值的测定

【实验目的】

① 了解测定试样酯值的意义及测定原理。

② 掌握测定酯值的方法。

【实验原理】

酯值也称酯价，是指皂化 1g 试样中的酯消耗 KOH 的质量，用 EV 表示（mg KOH/g）。其测定原理同一般中和反应。

【实验仪器】

锥形瓶（250mL）；回流冷凝管；移液管（50mL）；水浴锅；滴定管。

【实验试剂】

0.1mol/L 氢氧化钾溶液；0.5mol/L 氢氧化钾乙醇溶液；酚酞指示剂（1%乙醇溶液）；0.5mol/L 盐酸标准溶液。

【实验步骤】

首先称取样品 2g（精确至 0.0002g），置于 250mL 锥形瓶中。加入 95%乙醇 10mL 和酚酞指示剂 3 滴，用 0.1mol/L 氢氧化钾溶液中和，随后用移液管加入 50mL 0.5mol/L 氢氧化钾乙醇溶液，装上回流冷凝管，置于水浴（或电热板）上维持微沸状态 1h。冷却后，加 6～8滴酚酞指示剂，用 0.5mol/L 盐酸标准溶液滴定至红色恰好消失。同时在相同条件下做空白试验。则酯值计算如下：

$$\mathrm{EV}=\frac{(V_0-V_1)\times c\times 56.11}{m} \tag{6-7}$$

式中，EV 为酯值，mg KOH/g；V_0 为空白试验消耗盐酸标准溶液的体积，mL；V_1 为样品试验消耗盐酸标准溶液的体积，mL；c 为盐酸标准溶液的浓度，mol/L；m 为称取样品的质量，g；56.11 为氢氧化钾的摩尔质量，g/mol。

【注意事项】

① 本方法是直接皂化法测定酯值，若已知试样的皂化值和酸值，可按下式求得酯值：

酯值＝皂化值－酸值

② 平行试验结果的允许差如下（单位为 mg KOH/g）：酯值在 10 以下允许差为 0.2；酯值在 10～100 允许差为 0.5；酯值在 100 以上允许差为 1.0。

注：①取样多少，视含酯量高低而定，试样用量一般为 0.5～5g。②回流一般为 1h，但有些需要较长回流时间。如水杨酸甲酯回流 2h，乙酸松油酯回流 4h，乙酸柏木酯回流 4.8h，异戊酸异戊酯回流 6h，倍半萜烯醇的某些酯需 2h 或 2h 以上。③如试样皂化后颜色较深，滴定前可加蒸馏水 50mL，空白试验加水量相同。④如试样为甲酸酯类，则中和游离酸时，应将试样溶液的温度保持在 0℃左右进行。⑤如试样酸值高者，应另取试样测定酸值，在酯值的结果中扣除。

【思考题】

① 试比较测定酸值、酯值、皂化值有何相同点和不同点。

② 实验开始加入 0.1mol/L 的 KOH 溶液中和，而后加入 0.5mol/L 的 KOH 溶液，试分析这样试验的目的和作用是什么？

6.9 珠光浆的制备

【实验目的】

学习珠光浆的制备原理和方法。

【实验原理】

珠光是由具有高折射率的细微薄片平行排列而产生的，这些细微薄片都是透明的，能反射部分入射光，传导和透射另一部分光线至细微薄片的下面，如此平行排列的细微薄片同时对光线进行反射就产生了珠光。化妆品厂一般采用珠光片来生产珠光浆。

【实验仪器】

烧杯（1000mL、600mL、250mL，各 1 个）；温度计（0～100℃）；电炉（1000W）；水浴锅；电动搅拌器。

【实验试剂】

AES（脂肪醇聚氧乙烯醚硫酸钠），6501（月桂酸二乙醇酰胺），卡松（甲基氯异噻唑啉酮及甲基异噻唑啉酮），柠檬酸，氯化钠，均为工业品；珠光片（自制）。

【实验步骤】

（1）珠光浆的参考配方（%）

珠光片，15；AES，15；6501，20；卡松，0.1；柠檬酸，0.5；氯化钠，0.5；水，余量。

（2）实验步骤

将适量水加入烧杯中，加热至 80℃，加入柠檬酸、氯化钠，搅拌溶解；随后加入 AES 和 6501 进行溶解；然后加入珠光片（温度要求在 72℃ 以上）熔化，搅拌，缓慢冷却至 50℃，加入卡松，搅拌均匀后，缓慢搅拌冷却至 35℃，即得珠光浆。

【注意事项】

操作过程中应注意控制加入珠光片或珠光块的温度和冷却过程中的冷却速度以及搅拌速度，以得到理想的珠光浆。

【实验记录及讨论】

记录实验现象，分析导致珠光效果不一致的原因。

6.10　洗衣粉的制备

【实验目的】

① 了解洗衣粉的配方组成及所用助剂的作用。

② 了解料浆配制过程中的物理和胶体化学变化情况，掌握配料工艺过程及操作。

③ 学习合成洗涤剂的一般性能分析。

【实验原理】

合成洗涤剂的种类很多，用途亦很广。洗涤剂按商品的外观形态分为粉状洗涤剂、液体洗涤剂、膏状洗涤剂和块状洗涤剂等；按用途分为民用洗涤剂和工业用洗涤剂。其中粉状洗涤剂是目前产量最大的民用及工业用洗涤剂，其生产方法主要有冷拌结晶法、干法中和法、高塔喷雾干燥法、附聚成型法等，其中高塔喷雾干燥法是生产空心颗粒状洗衣粉的主要方法，其工艺主要包括配料、喷雾干燥成型及后配料三部分。本实验由于受条件限制，仅进行配料工序的操作，并对配好的料浆进行烘干处理。

洗衣粉配方中，除活性物外，还添加有各种无机助剂，如五钠（三聚磷酸钠）、纯碱（碳酸钠）、泡花碱（硅酸钠）、芒硝（十水硫酸钠）等和有机助剂，如 CMC（羧甲基纤维素钠）等。所谓配料就是将活性物和各种助剂，根据不同品种的配方，将各种原料按一定次序在配料缸中均匀混合制成料浆的操作。各种无机和有机助剂与活性物配合能够起到相互协调、互补的作用，进一步提高产品的清洁力，使其综合性能更趋完善，成本低。因此，配制洗衣粉料浆时，正确选用和适当配入助剂具有十分重要的意义。

【实验仪器】

烧杯（1000mL、600mL、250mL）；温度计（0～100℃）；电炉（1000W）；水浴锅；电动搅拌器。

【实验试剂】

烷基苯磺酸（自制）；三聚磷酸钠（$Na_5P_3O_{10}$），硅酸钠，硫酸钠（Na_2SO_4），CMC，荧光增白剂，甲苯磺酸钠，AEO_9[脂肪醇聚氧乙烯（9）醚]，碳酸钠（Na_2CO_3），均为工业品；NaOH（化学纯）。

【实验步骤】

（1）干法中和法制备普通洗衣粉

参考配方（%）如下。

烷基苯磺酸，15；$Na_5P_3O_{10}$，25；硅酸钠，5（干基）；Na_2CO_3，22；AEO_9，1；甲苯磺酸钠，2；CMC，1；荧光增白剂，0.1；Na_2SO_4，余量。

根据上述配方要求，计算出配制 500g 料浆所需各种原料的投料量。首先，将 Na_2CO_3、Na_2SO_4、$Na_5P_3O_{10}$、硅酸钠、CMC 与甲苯磺酸钠和荧光增白剂混合，搅拌至均匀状态，随后加入烷基苯磺酸搅拌均匀，最后加 AEO_9 搅拌均匀，即制得普通的洗衣粉。

（2）烘干法（工业生产采用高塔喷雾干燥工艺）

先将各种物料按一定总固体含量配制成料浆，然后经干燥、粉碎制成洗衣粉。根据各助剂的不同作用及其性质、工艺要求拟定工艺操作条件及加料顺序，制定操作规程。采用该方法应适量减少 Na_2CO_3 的用量，适量加入 NaOH 以中和磺酸。

【实验分析】

① 测定洗衣粉的泡沫性能。

② 测定洗衣粉的去污性能。

【注意事项】

① 实验中所用磺酸等试剂有腐蚀性，应注意安全。

② 操作规程要制订合理。

【实验记录及讨论】

记录实验中观察到的现象及分析结果。

① 洗涤剂助剂有哪些？各起什么作用？

② 干法中和法与烘干法各有什么优缺点？各自加料顺序有何不同？请说明其理由。

③ 烘干法配料过程中有些什么现象发生？请加以解释。

6.11 餐具洗涤剂的制备

【实验目的】

① 了解和掌握几种常用表面活性剂的性能及复配原理。

② 了解餐具洗涤剂的要求及各种表面活性剂及助剂的作用。

③ 掌握餐具洗涤剂的配方技术及生产操作。

【实验原理】

餐具洗涤剂是厨房中使用的一种典型的轻垢型洗涤剂，主要有液体和粉状两种，其中粉状洗涤剂主要用于机器洗涤，其按照功能分为单纯洗涤和洗涤消毒两种。

餐具洗涤剂要求能有效地去除污垢，对皮肤刺激性小，无毒或低毒，生物降解性好，对环境不产生污染等。除此之外，液体餐具洗涤剂还必须具有适宜的黏度、透明的外观、怡人的香味等。

【实验仪器】

烧杯（400mL，50mL）；电炉；温度计（0～100℃）；量筒（100mL）；台秤天平。

【实验试剂】

LAS（直链烷基苯磺酸，自制）；AES（自制）；6501（自制）；AEO_9（工业品）；NaCl、NaOH（化学纯）；尿素（化学纯）；尼泊金丁酯（化学纯）；柠檬酸（化学纯）；水果香精（工业品）。

【实验步骤】

① 液体餐具洗涤剂配方，见表 6-5。

表 6-5 液体餐具洗涤剂配方

原料	质量分数/%	备注
水	30.0	用于中和
LAS	10.0	
NaOH	1.3	
AES	6	41%水溶解
尼泊金丁酯	0.1	
尿素	2	
AEO_9	1	
6501	2.5	
香精	0.2	
NaCl	0.2	3%水预溶

② 生产 5kg 餐具洗涤剂，按配方计算各种表面活性剂及助剂的投料量。

③ 按配方计算量，在耐酸碱的反应器中加入适量水，供中和反应用，将 NaOH 缓慢加入反应器中，进行搅拌使其溶解。接着再加入定量 LAS 进行中和反应，直至 pH=7～8。

④ 在 100L 反应釜中加入适量的水，加热至 80℃左右，随后加入 AES，进行搅拌使 AES 溶解，再加入尼泊金丁酯，继续搅拌溶解均匀。

⑤ 降温至 50℃后加入步骤③中的磺酸中和产物、6501、AEO_9，搅拌使之混合均匀。

⑥ 加尿素增溶。

⑦ 加入香精，搅拌使混合均匀。

⑧ 用柠檬酸或碱液调节 pH 至 7 左右。

⑨ 用 NaCl 调整产品黏度。

【实验分析】

① 用 NDJ-79 型黏度计测定产品黏度。

② 测定产品泡沫性能。

【注意事项】

① 尿素的加入会使产品黏度降低，应视具体情况决定加入与否。

② AES 难溶，加热下搅拌溶解速度加快，但注意不要加热时间过长，否则 AES 易发生水解，AES 的溶解最好在 50℃以下进行。

【思考题】

在配方操作中，为什么 AES、AEO_9 最后在 50℃以下加入？

6.12　润肤膏霜的制备

【实验目的】

① 了解乳剂类化妆品的乳化原理和生产方法。

② 初步掌握乳剂类化妆品的配方原理、配方原则和配方中各原料的作用。

③ 了解乳剂类化妆品的生产工艺、设备、灌装等。

【实验原理】

乳剂类护肤化妆品按外观性状分：半固体的称为膏霜，流体的称为奶液或蜜。按乳化体的类型分为水包油（O/W）型和油包水（W/O）型。对于干性皮肤适宜敷用 W/O 型乳化制品，对于油性皮肤适宜敷用 O/W 型乳化制品。例如，润肤膏霜是以保持皮肤的光滑柔软为主要目的，使用时应涂敷容易，既不阻滞又不过分滑溜，有滋润感但并不油腻，经常使用能保持皮肤的光滑、滋润、柔软和弹性。

配方组成包括滋润性物质（各种油、脂、蜡和保湿剂等）、乳化剂（离子、非离子表面活性剂）、添加剂（防腐剂、香精等）和去离子水。

【实验仪器】

乳化设备（1 套）；灌装设备（1 台）；包装瓶等；烧杯（500mL、100mL 各 1 个）；温度计（0～100℃，1 支）；电炉（1000W，1 台）；台秤天平（1 架）；显微镜（1 台）。

【实验试剂】

白油；棕榈酸异丙酯；十六醇；硬脂酸；单硬脂酸甘油酯；Tween-20；丙二醇；Carbopol-1934；三乙醇胺；杰马Ⅱ或尼泊金甲酯；香精（青香或花香）；去离子水。

【实验步骤】

(1) 实验配方

由于化妆品原料发展很快，配方结构的变化也很大，因此在此只给定一个参考配方（质量分数,%），实验时可根据具体情况做相应调整。

参考配方：

白油	15～18	18
棕榈酸异丙酯	3～7	—
十六醇	1～6	6
硬脂酸	1～3	3
单硬脂酸甘油酯	3～5	4
Tween-20	0.8～1.2	1
丙二醇	3～5	4（甘油）
Carbopol-1934	0.1～0.2	—
三乙醇胺	1.5～2.0	2
防腐剂（尼泊金甲酯）	适量	适量
香精	适量	适量
去离子水	余量	余量

(2) 工厂生产润肤膏霜产品操作步骤

① 将Carbopol-1934称入水相搅拌锅中，加入丙二醇润湿，随后加入去离子水，搅拌均匀，加热至90℃，维持20min后降温至75℃，开启真空，将水相吸入乳化锅中。

② 将白油、棕榈酸异丙酯、十六醇、硬脂酸、单硬脂酸甘油酯、Tween-20放入油相锅中，加热至90℃溶解均匀，维持20min后降温至75℃。

③ 将油相吸入乳化锅中，开启搅拌进行乳化，随后加入三乙醇胺，进行搅拌中和，均质乳化5～10min后降温，温度降至50℃时加入香精和防腐剂，继续搅拌均匀后即可放料。

④ 用灌装机进行灌装。

(3) 实验室配制步骤

① 按参考配方计算50g产品各组分用量。

② 将白油、棕榈酸异丙酯、十六醇、硬脂酸、单硬脂酸甘油酯、Tween-20加入烧杯中，加热至95℃，使各物质溶解均匀，维持20min后降温至75℃，得油相。

③ 将Carbopol-1934称入水相烧杯中，加入丙二醇润湿，随后加入去离子水，搅拌均匀，加热至90℃，保温20min后降温至75℃，得水相。

④ 搅拌下将水相加入油相中，继续搅拌至均匀。

⑤ 滴加三乙醇胺，继续搅拌15min，降温到50℃，加入香精和防腐剂，搅拌得到产品。

【注意事项】

① 原料的质量直接影响产品的质量，硬脂酸应采用一级品（三压硬脂酸），其碘值在2g/100g以下。

② 去离子水应控制pH在6.5～7.5，总硬度小于100×10^{-6}，氯离子小于50×10^{-6}，铁离子小于0.3×10^{-6}。

【思考题】

① 配方中各组分的作用是什么？

② 水质对膏体质量有什么影响？

6.13　洗发香波的制备

【实验目的】

① 了解香波的配方原理和配制方法。

② 掌握香波配方中各组分的作用及添加量。

③ 掌握香波的生产工艺、配制设备和灌装设备。

【实验原理】

香波是专为洗发而设计的日化用品，其原料组成包括表面活性剂、添加剂（钙皂分散剂、调理剂、增稠剂、珠光剂、去屑止痒剂、防腐剂、香精、pH 调节剂等）和去离子水。性能优良的香波应具有适度的去污性，泡沫丰富且有一定的稳定度，洗后头发保持光滑、柔软、易梳理、去屑止痒及低刺激性，且使用方便，具有良好外观等特性。因此在配方时，为获得良好的使用效果，要使表面活性剂和表面活性剂之间、表面活性剂和添加剂之间以及添加剂和添加剂之间维持良好的平衡关系。

香波的生产方法主要有热配和冷配两种，热配对原料溶解性方面要求不高，且有杀菌作用，但需加热，浪费能源，生产周期长；冷配对原料溶解性要求较高，不易溶或不溶物应预先溶解，同时需采取良好的灭菌措施，但冷配节省能源，生产周期短。因此对于小厂来说采用热配较好，对于大厂，由于产量大、设备条件好，可采用冷配。

【实验仪器】

洗化生产设备（1 套）；罗氏泡沫仪（1 套）；NDJ-79 型旋转式黏度计（1 台）。

【实验试剂】

脂肪醇聚氧乙烯醚硫酸铵（AESA，自制）；月桂酸二乙醇酰胺（6501，自制）；椰油酰胺丙基甜菜碱（CAB-30）；月桂醇硫酸铵（$K_{12}A$）；乙二醇单硬脂酸（自制）；乳化硅油；阳离子瓜尔胶；卡松；柠檬酸；香精；NaCl；EDTA；甘宝素；珠光剂；M3330；去屑止痒剂。

【实验步骤】

① 实验配方（%）如下：

EDTA（乙二胺四乙酸钠），0.1；AESA（70%），12.0；$K_{12}A$（70%），4.0；CAB-30，6.0；甘宝素（二唑酮），0.2；6501，3.0；阳离子瓜尔胶，0.4；柠檬酸，0.4；乳化硅油，4.0；珠光剂，4.0；M3330（季铵盐阳离子调理剂），1.0；卡松，0.1；香精，0.2；水，64.6。

② 工业生产时，根据配方，按图 6-6 工艺流程进行操作，配制 50kg 香波产品。如在实验室配制，可配制 100g 香波产品。

a. 按配方计算各种表面活性剂及助剂的投料量。

b. 按配方计算量，将水加入耐酸碱的反应器中，升温至 80℃，加入适量的 EDTA 并进行搅拌溶解，接着分别加入 AESA、$K_{12}A$，搅拌溶解。不定时放料观察物料溶解程度，直至完全溶解。

c. 加入 CAB-30 搅拌溶解，接着投入已预溶好的瓜尔胶到反应釜中，搅拌溶解均匀，用柠檬酸调整 pH 为 7～8。

d. 投入已预溶好的甘宝素，搅拌溶解均匀。

e. 降温到 45℃以下分别加入 M3330、硅油、卡松、珠光剂，搅拌使之混合均匀。

f. 加入香精、搅拌约 30min 使混合均匀，待泡沫消失即可出料包装。

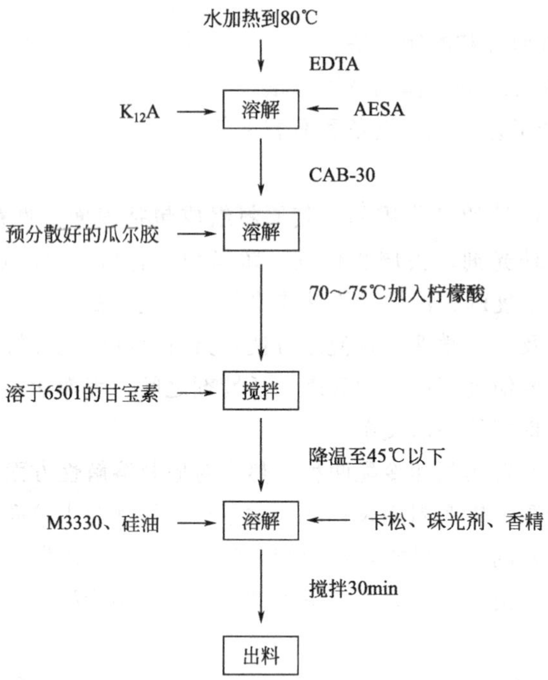

图 6-6 洗发香波生产工艺流程

【注意事项】

① 配方中的瓜尔胶、柠檬酸和 M3330 事先分别用 7%、5%、10%的水预分散或溶解。

② 称好的瓜尔胶置于容器中，将 80℃热水迅速加入，并搅拌。

③ 将称好的甘宝素加入称好的 6501 中，加热至完全溶解。

④ 将水分成四份：第 1 份溶解 AESA、$K_{12}A$；第 2 份溶解瓜尔胶；第 3 份溶解柠檬酸；第 4 份溶解 M3330。

⑤ 测定产品的黏度，并做相应调整直至符合要求。

【思考题】

① 配方中各组分的作用是什么？

② 配制香波对水质有什么要求？为什么？

6.14　聚醋酸乙烯酯乳液涂料的制备

【实验目的】

① 了解表面活性剂在乳液聚合中的应用原理。

② 掌握乳胶涂料的特点及配制方法。

【实验原理】

传统的涂料（油漆）都要使用易挥发的有机溶剂，例如汽油、甲苯、二甲苯、酯、酮等，以帮助形成漆膜。这不仅浪费资源、污染环境，而且给生产和施工场所带来危险性，如火灾和爆炸。乳胶涂料使用水为分散介质，避免了使用有机溶剂的许多缺点，因而得到了迅速发展。

聚合物乳液是通过对乳液进行聚合得到，其中聚合物以微胶粒的状态分散在水中。当将聚合物乳液涂刷在物体表面时，随着水分的挥发，聚合物微胶粒互相挤压而形成连续干燥的涂膜。这是乳胶涂料的基础。此外，还要配入颜料、填料以及各种助剂，如成膜助剂、颜料分散剂、增稠剂、消泡剂等。

【实验仪器】

高速搅拌机；搪瓷或塑料杯；调漆刀；漆刷；水泥石棉样板。

【实验试剂】

聚醋酸乙烯酯乳液［固含量（质量分数）45%］；去离子水；六偏磷酸钠；丙二醇；钛白粉；滑石粉；碳酸钙；磷酸三丁酯。

【实验步骤】

(1) 涂料的配制

首先，将 20g 去离子水、5g 10%六偏磷酸钠水溶液以及 2.5g 丙二醇加入烧杯中，开动高速搅拌机，逐步加入 18g 钛白粉、8g 滑石粉和 6g 碳酸钙，搅拌分散均匀后加入 0.3g 磷酸三丁酯，持续快速搅拌 10min，随后，缓慢加入 40g 聚醋酸乙烯酯乳液，直至搅拌均匀为止，即得白色涂料；若再加少量彩色颜料浆，便可得彩色涂料。

(2) 成品要求

外观：白色稠厚流体。

固含量（质量分数）：50%。

干燥时间：25℃，表干 10min，实干 24h。

(3) 性能测定

涂刷水泥石棉样板，观察干燥速度，测定白度、光泽并做耐水性试验。

【注意事项】

① 在搅匀颜料、填料时，若黏度太大难以操作，可适量加入乳液至能搅匀为止。

② 最后加乳液时，必须控制搅拌速度，防止大量泡沫产生。

【思考题】

① 配方中各种原料分别起什么作用？

② 在搅拌颜料、填料时为什么要用高速搅拌机高速搅拌？用普通搅拌器或手工搅拌涂料性能有何影响？

第7章 化学化工创新性实验

7.1 超临界 CO_2 流体萃取胡萝卜中的胡萝卜素

【实验目的】

① 掌握超临界 CO_2 流体萃取的原理与基本操作。

② 了解超临界 CO_2 流体萃取设备的结构与特点，学会操作超临界 CO_2 流体萃取设备。

③ 掌握超临界 CO_2 流体萃取效果的影响因素及萃取率的计算。

【实验原理】

超临界流体是指在临界温度（T_c）和临界压力（p_c）状态下的高密度流体。超临界流体兼具气体和液体的双重特性，其密度和液体相近，而其黏度与气体相似，但扩散系数比液体大得多。超临界流体萃取即利用超临界流体对物质进行溶解和分离的过程。

常用的超临界流体有乙烷、二氧化碳、丙烷、丙烯、乙烯、苯、氨和水等。其中，二氧化碳是目前使用最多的超临界流体，具有安全无毒、不易燃、价廉易得、溶解性好等优点，且其临界压力（p_c）和临界温度（T_c）分别为 7.38MPa 和 31.05℃，条件相对温和，常用来萃取低极性和非极性的化合物。在临界点以上的 CO_2 同时具有液体和气体的双重特性，是一种优良的溶剂，能通过分子间的相互作用和扩散作用来溶解多种物质。而在稍高于临界点的范围内，压力很小的变化即会引起其密度的很大变化，从而引起溶解度的较大变化。因此，超临界 CO_2 可以将物质从基体中溶解出来，形成超临界负载相，然后升高温度或降低压力，超临界 CO_2 的溶解度降低，溶解的物质就能解吸（沉淀）出来，从而与 CO_2 分离，最终实现提取分离的目的。不同的物质在 CO_2 中的溶解度不同，同一物质在不同的压力和温度下的溶解度也不同，所以使用超临界 CO_2 提取分离过程具有较高的选择性。

为提高萃取效率，往往在超临界流体中加入夹带剂。夹带剂的加入量较少，可以与体系中被分离物质和超临界流体互相混溶，其挥发性介于被分离物质与超临界组分之间。按极性划分，夹带剂可分为极性夹带剂与非极性夹带剂。夹带剂可以影响溶质在超临界流体中的溶解度和选择性，体现在以下两个方面：一是溶剂的密度，二是溶质与夹带剂分子间的相互作用。一般来说，若夹带剂的加入量很少，则对溶剂气体的密度影响较小，而影响溶解度与选择性的因素主要是夹带剂与溶质分子间的相互作用，如范德华力、氢键及其他各种化学作用力等。另外，在超临界流体的临界点附近，溶质的溶解度对温度、压力的变化最为敏感，加入夹带剂后，混合溶剂的临界点发生变化，如能更接近萃取温度，则可增加溶质溶解度对温度、压力的敏感程度。

影响萃取效率的因素主要有超临界流体萃取剂的压力、流量，萃取的温度，萃取过程的时间长短及夹带剂等。

【仪器试剂】

（1）仪器

紫外-可见分光光度计。

超临界流体萃取设备，如图 7-1 所示，其主要设备为高压泵（压缩机等）、萃取釜（2L）、分离釜、萃取剂储瓶及其他附属装置等。主要设备及其操作参数：①主泵，20L/55MPa，调频控制，副泵，2L/55MPa；②萃取釜，0～50MPa，室温～80℃；③第Ⅰ分离釜，6～22MPa，室温～80℃；④第Ⅱ分离釜，6～12MPa，室温～80℃；⑤第Ⅲ分离釜，6～8MPa，0～40℃。

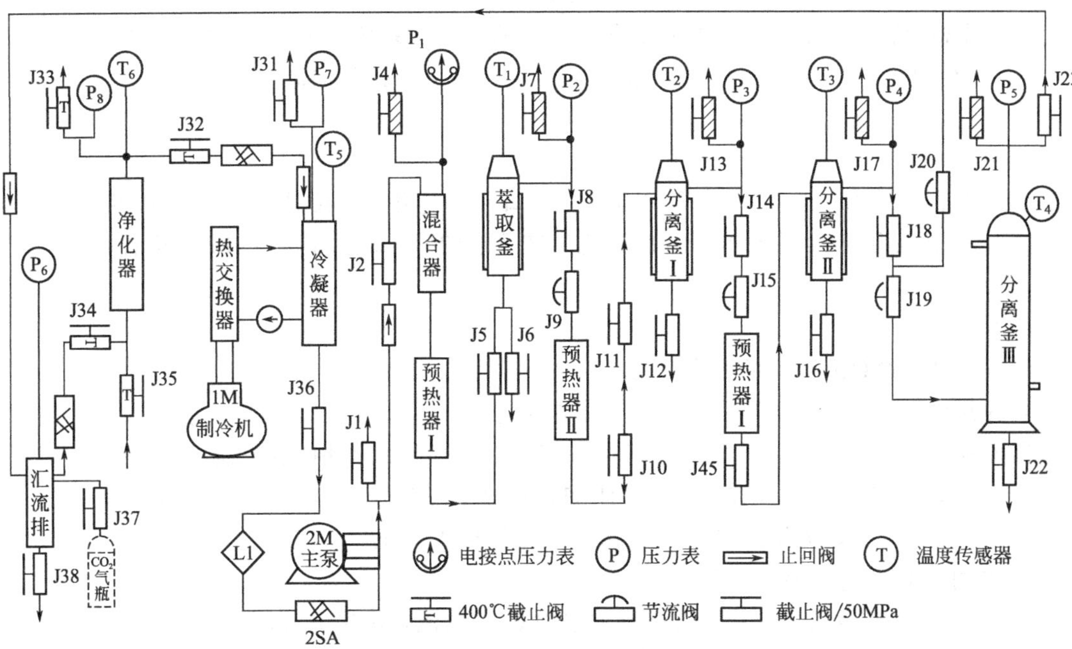

图 7-1　超临界流体萃取实验流程图（部分）

（2）试剂

胡萝卜干料、β-胡萝卜素（98%纯度）、乙酸乙酯、无水乙醇、三氯甲烷等均为分析纯试剂，二氧化碳。

【实验步骤】

（1）操作前准备

① 检查管线管件、阀门、仪表是否正常；水套中的水是否充足；检查制冷机油位、主副泵油位。

② 将待萃取物料放入萃取釜。如果是固体物料则先装入料筒，再将料筒装入固体萃取釜（注意料筒装料高度不应超过料筒有效高度的 95%）；注意装料完成后务必将萃取釜盖上的螺堵拧紧，并检查分离釜Ⅰ、Ⅱ、Ⅲ及干燥活化器的螺堵是否拧紧。

③ 分别将温度控制仪表预置到工艺要求温度。

④ 将电接点压力表 P_1 的上限指针拨到比萃取压力高 2～3MPa 的位置，但不超过 52MPa。混合器压力达到或超过预拨值时主泵会停止工作。

(2) 循环萃取操作

① 闭合漏电保护开关。

② 闭合空气开关，注意其中净化器空气开关要断开。

③ 按下预热器开关按钮以及循环泵开关按钮。

④ 将制冷机温控仪数值预拨到－5℃，闭合控制开关启动制冷机。

a. 关闭系统中萃取、分离各容器的所有放空阀和放料阀，打开所有进气阀、出气阀以及微调阀，使系统形成 CO_2 的闭合循环通路。

b. 打开 CO_2 气瓶阀门 J37，使 CO_2 慢慢向系统各容器充气，待系统中各压力表 P_1～P_8 均平衡后，再关闭 CO_2 气瓶阀门 J37，等待几分钟。

c. 打开萃取釜的放空阀 J7，十几秒后再关闭。同样开闭 J13、J17、J21、J31、J33 和 J4 等阀门以排除相应容器中空气（详见流程图 7-1），从而保证系统中 CO_2 纯度。冷凝器上端 J31 阀门在运行期间，需要经常进行短时间开闭，这样有利于排除储罐中空气，从而保证系统的可靠运行。

⑤ 加压过程。

a. 待冷凝器（储罐）温度降到 0℃以下之后，即可为打开主泵给系统加压做好准备。

b. 将电接点压力表 P_1 的预置压力拨到比工艺要求的萃取压力高 2～3MPa 位置，但不得超过 52MPa。

c. 循环调节

ⅰ 调节主泵的参数进行流量参数设定。

ⅱ 当各预热器接近预置温度后，打开混合器进气阀 J2 及冷凝器储罐放液阀 J36，然后闭合变频器控制开关 2SA，主泵即可自动工作。必须首先打开 J2 才能闭合控制开关 2SA。

ⅲ 打开 J1，待 J1 出现浓白雾时迅速关闭 J1，这时主泵会将 CO_2 液体泵入混合器。并通过预热器Ⅰ流向萃取釜，关闭萃取釜出气 J8，当压力表 P_2 接近工艺设计的萃取压力时，打开 J8，慢慢调节 J9 以稳定萃取釜压力。

同理关闭 J14，分离釜Ⅰ中压力会随萃取釜中 CO_2 的流入慢慢上升，当上升到接近工艺要求的分离釜Ⅰ压力时，打开 J14，慢慢调节 J15 以稳定分离釜Ⅰ中的压力。

同理调节 J18、J19、J23 可分别稳定分离釜Ⅱ、Ⅲ中的压力。

运行过程中，随时调节 J9、J15、J19、J23 以满足萃取工艺对萃取釜、分离釜压力的要求。

(3) 停机-收料操作

① 萃取完成后首先停主泵、关闭制冷机，并立即关闭 J2 及 J36。

② 待萃取釜、分离釜、净化器、冷凝器等各部分压力平衡后，关闭 J8 与 J5，使萃取釜与系统隔离。

③ 慢慢打开萃取釜放料阀 J6，将萃取釜中剩余 CO_2 气体慢慢排完，直到 P_2 压力表指针为“0”时打开 J7，以确保萃取釜内 CO_2 全部放完。

④ 打开萃取釜上盖，取出料筒，将密封面擦干净。

⑤ 收集分离物料：收集分离物料必须使用塑料收料桶（不可用玻璃等易碎器皿）。

a. 分离釜Ⅰ分离物质收集：将收集器置于 J12 下，慢慢打开 J12，直至分离出的物料收集完，再迅速关闭 J12（注意：放料阀门 J12 需慢慢打开、迅速关闭）。

b. 分离釜Ⅱ、Ⅲ分离物质的收集同以上。随时收集分离物。

（4）改变温度、压力、CO_2 流量和萃取时间

根据设计好的正交实验表格，改变萃取温度、压力、CO_2 流量和萃取时间，进行重复实验。

（5）改变分离釜压力

改变分离釜压力，重复实验。

【实验数据处理】

准确称量一定质量的胡萝卜素样品，以乙酸乙酯作为溶剂，配制一系列不同浓度的溶液，测量其吸光度值，利用这些数据作出浓度-吸光度的标准曲线。

准确称取胡萝卜样品 500g 后装入萃取釜中。CO_2 气体经冷凝器冷却后再由计量泵加压至所需压力使之成为超临界流体，经净化、预热后从底部进入萃取釜并通过物料层，此时溶有部分溶质的 CO_2 流体由萃取釜顶部进入Ⅰ、Ⅱ、Ⅲ3 级分离釜进行分离，萃取产品从分离釜底部采集，气相 CO_2 经分离后重新进入系统，循环利用。将 10mL 乙酸乙酯加入至所得提取物中，充分摇匀并静置，用分液漏斗分离异物，用乙酸乙酯定容至 20mL，在 455nm 处测其吸光度值。

将测得的吸光度与标准曲线进行对照，即可计算出胡萝卜素的萃取率。

【分析讨论】

① 探讨与比较萃取温度、压力及 CO_2 流量和萃取时间等因素对萃取率的影响，得出最优萃取条件。

② 探讨分离釜压力对萃取率的影响。

【思考题】

① 分析压力、温度及 CO_2 流量等因素对萃取率的影响，哪种因素影响最大？合适的温度压力范围为多少？

② 超临界流体萃取的原理是什么？

③ 超临界流体萃取为什么多数采用 CO_2 作为萃取剂？

④ 超临界流体萃取可采用什么方式来强化？原理如何？

⑤ 相对于溶剂萃取，超临界流体萃取有何优点？

7.2 乙酰化二茂铁的制备、分离及结构鉴定

【实验目的】

本实验的最大特点之一是微型化，微型化学实验在减少环境污染，降低药品费用开支及加强实验室安全，提高实验教学质量等方面具有十分明显的优势。学生进行微型实验时，操作需特别细致，这对培养学生严谨的科学实验态度及熟练的操作技能有积极的作用。采用多因素实验设计方法优选实验条件，在一定程度上能训练学生的科研探索能力。

此微型实验将合成、分离和鉴定融为一体，充分利用薄层色谱、柱色谱以及红外、高效液相色谱等现代仪器，对实验得到的少量产物进行分离和成分与结构的测试并掌握其原理，这对培养和提高学生的综合实验技能很有好处。

通过本实验要求学生：

① 熟悉并掌握微型实验常用仪器的使用方法。

② 掌握多因素实验设计方法优化实验条件。

③ 熟练掌握有关薄层色谱和柱色谱的实验技能。

④ 熟悉红外、高效液相色谱仪对产品的分析方法。

【实验原理】

二茂铁及其衍生物是一类稳定性好具有芳香性的有机过渡金属络合物，其用途包括作为火箭燃料的添加剂、汽油的抗爆剂、硅树脂和橡胶的防老剂及紫外线吸收剂等。

二茂铁是由一个二价铁离子和两个环戊二烯基负离子键合而成，具有夹心型结构，是橙色的固体，具有与苯类似的芳香性，其茂基环上能发生多种取代反应，尤其是亲电取代反应比苯更容易。因此，二茂铁可与乙酸酐反应得到乙酰二茂铁，在不同的反应条件下得到的产物也不同，可以是单乙酰基取代物或双乙酰基取代物。

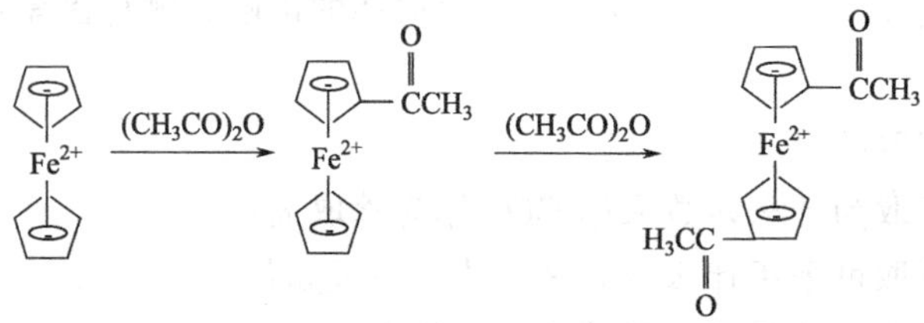

可通过薄层色谱跟踪反应进程。在薄层色谱中，极性越大的物质移动越慢，所以本实验中薄层板经展开后移动距离最大的是二茂铁，而后依次为乙酰二茂铁、1,1′-二乙酰基二茂铁。二茂铁和乙酰二茂铁斑点大小的变化即反映出酰化反应的进程。

本实验用柱色谱提纯产品，二茂铁、乙酰二茂铁和1,1′-二乙酰基二茂铁对硅胶吸附力存在差异，经溶剂展开呈现谱带，极性最小的二茂铁吸附力最弱，因而在色谱柱中移动最快，谱带位于色谱柱下端，呈黄色；乙酰二茂铁吸附力居中，其谱带位于中间，呈橙色；1,1′-二乙酰基二茂铁吸附力最强，色谱带位于色谱柱上端，呈棕色。用极性不同的溶剂可分别洗脱，从而达到分离提纯的目的。

【仪器试剂】

(1) 仪器

具塞试管（10mL），试管夹，水浴锅，载玻片（25mm×75mm），层析缸（100mm×

100mm)，离心试管（3mL)，吸滤瓶，烧杯（100mL、250mL)，砂芯漏斗（3#)，点样毛细管，玻璃毛细管，量筒（5mL)，培养皿，表面皿，滴管，药匙，锥形瓶，真空水泵，烘箱，电子分析天平，色谱柱（1.5cm×25cm)，数显熔点仪，红外光谱仪，液相色谱仪。

(2) 试剂

二茂铁（分析纯)，乙酸酐（试剂纯)，二氯甲烷（试剂纯)，磷酸（85%，试剂纯)，硅胶，甲醇（试剂纯，色谱纯)，正己烷（试剂纯)，羧甲基纤维素钠。

【实验步骤】

(1) 薄层层析板的制备

① 羧甲基纤维素钠水溶液的配制。称取羧甲基纤维素钠 0.4g，溶于 50mL 蒸馏水中，在水浴上加热搅拌使完全溶解。静置变冷后取上层清液使用。

② 制板。将 10g 薄层层析硅胶在搅拌下慢慢加入约 35mL 羧甲基纤维素钠水溶液中，调成糊状，在载玻片上铺匀。室温下晾干，然后在 110℃烘箱内活化 1h。在烘箱内温度降至室温，转移至干燥器中备用。

(2) 乙酰二茂铁的制备（多因素试验设计）

① 制备方法。在电子天平上称取 0.400g 二茂铁，放入 10mL 具塞试管中，分别加入 0.2mL 85%磷酸和以单因素实验轮换法设计表（表 7-1）中所要求的乙酸酐用量，盖好试管塞，迅速将试管放入相应温度水浴中反应相应时间，其间不断摇荡试管使反应均匀。反应完毕后，将反应液倒入盛有碎冰的烧杯中，试管壁残余用冰水洗涤一并倒入烧杯中。放置（偶尔伴以搅拌）约 15min，得到大量红棕色沉淀，抽滤，并用冷水洗涤沉淀，抽干。自然晾干后称重得粗产品，计算产率。

表 7-1　单因素实验轮换法设计表

因素 实验号	乙酸酐加入量/mL A	反应温度/℃ B	反应时间/min C
1#	2.0	50	15
2#	2.0	75	15
3#	2.0	100	15
4#	4.0	100	15
5#	2.0	100	30

② 跟踪表 7-1 中 5# 试验的反应进程。分别在反应至 2min、8min、15min、30min 时取样，用玻璃毛细管在液面上吸取 2 滴左右的反应液放入离心试管中。待反应完毕后，在离心试管所取反应液中均加入几滴二氯甲烷稀释，将所取溶液用薄层色谱法展开。观察色斑大小的相对变化，判断反应进程。

(3) 薄层色谱法跟踪反应进程

① 点样。在距薄层板一端约 1cm 处用铅笔画一水平横线作为起始线。用直径小于 1mm 的平口毛细管在起始线上点样。样品斑点的直径一般不应超过 2mm。如果样品溶液太稀需要重新点样时，须待前一次点样的溶剂挥发后再点样。点样时毛细管的下端应轻轻接触吸附剂层。若在同一块板上点两个以上样品时，样品之间的距离不应小于 1cm。点样后待样品中

溶剂挥发干净才能放入层析缸中展开。

② 展开。薄层展开要在密闭的层析缸中进行，加入约 15mL 的展开剂，盖上盖子，让展开剂蒸气饱和 5～10min。将点好样的薄板小心地放入层析缸中，展开剂不能没过样点。盖上盖子观察展开情况。当展开剂前沿爬升到距离薄板上端约 1cm 时取出，即用铅笔标出前沿位置。

分别用正己烷、二氯甲烷、甲醇等展开剂展开，观察现象并记录结果。

通过以上薄层展开情况，判断何种展开剂最适合分离乙酰二茂铁的粗产物。

注：a. 在以下试剂中寻找至少两种合适的展开剂或展开体系（可用两种或三种试剂进行配比的混合展开体系）：正己烷、乙酸乙酯、四氯化碳、苯、丙酮、乙醇。b. 须对以上薄层展开过程记录谱图。

③ 测量和计算。用直尺测量起始线到各样点中心以及起始线到展开剂前沿的距离，两者比值即为 R_f 值，计算各样点的 R_f 值。对以上合适展开剂（或展开体系）的薄层展开结果计算各点的 R_f 值。

④ 比较分析。比较分析由混合样点所分得的样点中分别为哪种物质。并观察色斑大小的相对变化，记录数据，并判断反应进程。

（4）装柱

干法和湿法，选两种或任选其一。

① 干法装柱。称取粗产品 0.150g 溶于约 0.5mL 的二氯甲烷中，加入约 0.2g 硅胶，搅拌均匀的浆状物在通风橱中挥发去溶剂，得到松散的颗粒状产物，用作柱色谱分离。

将 ϕ1.5cm×25cm 色谱柱洗净、干燥，固定在铁支架上，关闭活塞。称取约 6g 柱层析硅胶，通过漏斗将硅胶装入柱管内，轻敲柱管，使之填装均匀。将颗粒状产物装入柱内，顶部盖一层约 5mm 厚的石英砂，使硅胶顶端和石英砂保持水平。

② 湿法装柱。将柱竖直固定在铁支架上，关闭活塞，加入淋洗剂正己烷至柱容积的 1/4。称取约 6g 柱层析硅胶置烧杯中，加淋洗剂正己烷浸润，溶胀并调成糊状。打开柱下活塞调节流出速度为每秒钟 1 滴，将调好的吸附剂在搅拌下自柱顶缓缓注入柱中，同时轻击柱身，使吸附剂在淋洗剂中均匀沉降，形成均匀紧密的吸附剂柱。吸附剂最好一次加完。吸附剂全部加完后，将吸附剂顶部盖一层石英砂（或盖一张直径与柱内径相当的滤纸片），关闭活塞。在全部装柱过程及装完柱后，都需始终保持吸附剂上面有一段液柱。如发现柱中形成了气泡，应设法排除，若不能排除，则应倒出重装。

称取粗产品 0.150g 溶于尽可能少的二氯甲烷中。打开柱下活塞小心放出柱中液体至液面下降到石英砂（或滤纸片）处，关闭活塞，将配好的溶液沿着柱内壁缓缓加入，切记勿冲动吸附剂。溶液加完后，小心开启柱下活塞，放出液体至溶液液面降至石英砂（滤纸片）时，关闭活塞。用少许正己烷冲洗柱内壁（同样不可冲动吸附剂），再放出液体至液面溶液被冲稀，液面降至石英砂（滤纸片）处，再次冲洗柱内壁，直至溶剂无色。加样操作的关键是要避免样品溶液被冲稀。

（5）洗脱

用正己烷作洗脱剂从柱顶加入，柱子一经润湿，洗脱液液面不能低于最上层固体物质直到洗脱结束。缓慢滴入正己烷逐渐展开得到黄色、橙色分离的色谱带。黄色的二茂铁谱带首先从柱下流出，用已称重的锥形瓶收集洗脱溶液。当黄色谱带完全洗脱下来，改用 1∶1（体积比）的二氯甲烷-正己烷混合液洗脱。同时橙色色带往下移动。逐渐改变溶剂的比例至

9∶1（体积比）（中间取3～4个比例）的二氯甲烷-正己烷混合溶剂时，则将橙色色谱带完全洗脱下来，用另一只已称重的锥形瓶收集洗脱液（如谱带有断开现象应用不同容器收集）。最后改用9∶1（体积比）二氯甲烷-甲醇混合液洗脱时，可以看到很淡的、很少量的棕色色带向下移动，将该洗脱液用已称重的锥形瓶另行收集。

（6）薄层色谱检测柱效

选择合适的展开剂，对以上收集的各谱带溶液浓缩后进行点样，观察样点是否单一，并认定柱中分离是否完全。

（7）收集产品

在通风橱内，将各组分的洗脱液分别在水浴上蒸馏（或旋转蒸发），回收溶剂。浓缩后的溶液放置冷却析出晶体，将产品放在盛有五氧化二磷的干燥器中干燥过夜，后分别称重，并计算产率或收率。

（8）检测熔点

测定乙酰二茂铁的熔点，并与文献值进行比较。

测熔点最常用的仪器是提勒（Thiele）管（又称b形管）。取样品适量，在红外灯旁研成细粉置熔封后的玻璃毛细管中，借助长短适宜的洁净玻璃管，垂直放在适宜的硬质物体上，将毛细管自上口放入使自由落下，反复数次，使粉末紧密集结在毛细管的熔封端。装入样品的高度为3mm。另将温度计放入盛装传温液为液体石蜡的b形管中，使温度计汞球位于两支管的中间。将传温液加热，当温度上升至约75℃时，将装有样品的毛细管浸入传温液，贴附在温度计上（用橡皮圈固定），位置须使毛细管的内容物部分在温度计汞球中部，继续加热，调节升温速率为每分钟上升1.0～1.5℃。记录样品的初熔至全熔时的温度，重复测定3次，取其平均值。下一次测定时，需待浴液温度降至熔点以下30℃左右，更换毛细管再行加热测定。两次测定的误差不能大于1℃。

（9）红外光谱测试

分别对原料二茂铁和纯品乙酰二茂铁进行红外光谱测试。

（10）高效液相色谱测试

对纯品乙酰二茂铁进行高效液相色谱测试，并对谱图进行分析。测试条件如下。

仪器：高效液相色谱系统，配有SPD-10A紫外可见分光光度检测器，LC-10AT恒流泵，CTO-10A恒温柱箱，Rheodyne 7725进样阀，N-2000双通道色谱工作站。

试剂：甲醇（色谱纯），其他为分析纯。

色谱条件：色谱柱，Hypersil C_{18}不锈钢柱（10μm，ID4.6mm×200mm）；流动相，甲醇-水（3∶1）；流速，0.9mL/min；柱温，室温（约25℃）；进样量，10μL；检测波长，254nm。

样品溶液的制备：将样品用甲醇-蒸馏水（3∶1）稀释成浓度约为0.5mg/mL的溶液。

测定方法：取上述溶液10μL，注入高效液相色谱仪中，并记录色谱图。用面积归一化法计算其含量。

【注意事项】

① 仪器必须进行充分干燥。

② 薄层层析板制作均匀与否，是薄层色谱实验的关键。

③ 干法装柱时，固体支持剂顶面必须水平，而且柱内应该无气泡。气泡或顶面的倾斜层使沿柱向下移动的各化合物形成的分离带变形。湿法装柱同样不能有气泡。

④ 将粗产品放置层析柱上端后，用洗脱液洗脱，开始时洗脱液不要加得太多，应使用滴管吸取少量慢慢加入，保持柱上不干即可。

⑤ 熔点文献值：乙酰二茂铁为85℃。

⑥ 吸附剂的活性与其含水量有关，含水量越低，活性越高。

【实验数据处理】

请完成表7-2～表7-7并对结果进行分析。

① 单因素试验设计计算产率，见表7-2。

表7-2　单因素试验设计计算产率表

实验序号	产率	结果分析
1		
2		
3		
4		
5		

② 薄层色谱法分析结果，见表7-3。

表7-3　薄层色谱法分析结果

展开剂	实验现象及结果分析
正己烷	
二氯甲烷	
甲醇	

③ 各成分 R_f 值结果，见表7-4。

表7-4　各成分 R_f 值结果

化合物	$R_{f(1)}$	$R_{f(2)}$	$R_{f(3)}$	$R_{f(4)}$	$R_{f(5)}$	……
二茂铁						
乙酰二茂铁						
二乙酰二茂铁						

④ 薄层色谱分析法跟踪反应进程，见表7-5。

表7-5　薄层色谱分析法跟踪反应进程

反应时间/min	二茂铁	乙酰二茂铁	二乙酰二茂铁	其他
0				
2				
8				
15				
30				

注：可分别用（＋）、痕量、（－）表示。

⑤ 计算产率或回收率，见表7-6。

表 7-6　计算产率或回收率

化合物	产率或回收率
二茂铁	
乙酰二茂铁	
二乙酰二茂铁	

⑥ 熔点检测结果，见表 7-7。

表 7-7　熔点检测结果

次数	初熔/℃	终熔/℃
1		
2		
3		
平均值		

【分析讨论】

① 阐述各单元反应和单元操作的基本原理，重点对观察到的实验现象以及分析检测结果进行解释和讨论，学会对 FT-IR、HPLC 等仪器分析图谱进行解析。坚持实事求是、理论联系实际的原则，灵活应用所掌握的基础理论和基本知识来分析实验结果，特别是实验中出现的问题。鼓励创新，在总结他人研究结论和成果的基础上，提出自己的想法和见解。

② 对综合实验的结果进行概括性总结。

【思考题】

① 什么是弗里德-克拉夫茨（Friedel-Crafts）反应？试举几例。

② 薄层色谱法分离的基本原理是什么？

③ 在薄层色谱中，点样时样品太浓或斑点太大有何影响？

④ 本实验选用二氯甲烷作为展开剂，能否采用另外的展开剂，并且收到相似的效果？

⑤ 薄层色谱中的 R_f 值有何定义？为什么使用 R_f 值时必须注明所用的展开体系？

⑥ 用柱色谱提纯乙酰二茂铁的原理是什么？

⑦ 柱色谱与薄层色谱有什么异同？

⑧ 何种情况下的粗产品最适宜用柱色谱进行分离？

⑨ 了解红外光谱和高效液相色谱的检测原理。

7.3 铁和碳纳米复合材料的制备及其微波诱导催化氧化罗丹明 B

【实验目的】

① 熟悉纳米催化材料的制备方法。

② 探讨该催化反应的机理及宏观反应动力学行为。

③ 掌握催化剂的表征及催化性能评价的一般方法。

【实验原理】

微波是指波长在 1mm～1m、频率在 300～300000MHz 范围内的电磁波。微波诱导催化反应的基本原理是高强度短脉冲微波辐射聚集到含有某种“敏化剂”（如磁性金属）的固体催化剂表面上，使催化剂表面某些点位受到强烈的微波能作用，微波能转变成热能，从而使催化剂表面某些点位被选择性地迅速加热到很高的温度，诱导产生高能电子辐射、紫外光解、臭氧氧化和非平衡态等离子体等多种反应，可以形成活性氧化物质，有机物可以直接被分解或者大分子有机物裂解成小分子有机物。

微波能使液体中的极性分子高速旋转，产生热效应，其相互关系如下：

$$\frac{\Delta T}{\Delta t}=\frac{2\pi f\varepsilon_0\varepsilon''_{\mathrm{eff}}|E|^2}{\rho C_p} \tag{7-1}$$

式中，T 为温度；t 为时间；f 为微波频率；ε_0 为真空介电常数；$\varepsilon''_{\mathrm{eff}}$为复介电常数的虚部；$E$ 为电场强度；ρ 为密度；C_p 为热容。

由公式可知：可以通过调整微波频率及作用时间等来控制微波反应。催化剂的作用不仅在于聚焦热能，而且还可以利用它与反应物和产物相互作用的选择性而影响反应的进程。

微波诱导催化反应中，微波主要是通过与催化剂或其载体相互作用而激活催化剂，被激活的催化剂再进行催化相应化学反应。因此，催化剂及其载体的作用非常关键，在微波诱导催化反应中要求其能与所加微波发生强烈的相互作用。

能与微波发生强烈相互作用的主要物质可分成三类：①微波高损耗物质。这类物质具有很强的微波吸收能力，对微波极为敏感，在微波场中升温速率很快，在微波场中具有很高的活性，包括 Ni_2O_3、MnO_2、CoO_4 等。②微波升温曲线有一个拐点的物质。这类物质需要在微波场中辐照一段时间后才开始急剧升温，包括 Fe_2O_3、CdO、V_2O_5 等。③微波低损耗物质。这类物质在微波场中升温很慢或基本不升温，包括 TiO_2、ZnO、PbO 等。

显然，最适宜选用微波高损耗物质来作催化剂，而载体则选用微波低损耗物质为宜。

当然，物质吸收微波的能力还与很多其他因素有关。在实际工作中，利用微波诱导催化反应，选用的催化剂还需要通过大量实验来加以筛选。

铁纳米线和碳纳米管含有特有的螺旋、管状和核壳结构，具有小尺寸效应、表面效应、量子尺寸效应和宏观量子隧道效应，是非常有潜力的微波诱导催化剂。

在本实验中，选用铁和碳纳米复合材料作为催化剂，以碱性染料罗丹明 B 作为目标反应物进行微波诱导催化脱色反应，以此考查其对染料化合物的微波诱导催化氧化能力。

反应溶液的吸光度变化反映出目标反应物浓度的变化，催化剂对目标反应物的降解会导致其浓度的变化，因此，可以用吸光度变化率来表示催化剂的催化活性［Activity(%)］。

$$Activity(\%)=(A_0-A)\times 100\%/A_0 \tag{7-2}$$

式中，A_0 为起始罗丹明B溶液的吸光度；A 为反应后溶液的吸光度。

罗丹明B溶液的最大吸收峰在555nm处，因此可以在波长为555nm处测量罗丹明B溶液的吸光度。

【仪器试剂】

(1) 仪器

电子天平，离心机，实验用微波炉，扫描电子显微镜，紫外可见分光光度计，X射线衍射仪，总有机碳分析仪。

(2) 试剂

无水乙醇，罗丹明B溶液，三氯化铁，硼氢化钠，聚四氟乙烯溶液［PTFE，60%（质量分数）］，碳纳米管（CNTs）。

【实验步骤】

(1) $Fe@Fe_2O_3$ 的制备

称取30mL 5g/L的三氯化铁溶液加入100mL小烧杯中，另称取15mL 20g/L的硼氢化钠溶液逐滴加入三氯化铁溶液中，反应10min后，可观察到有很多黑色絮状物产生。将产物抽滤后，用滤纸反复用力挤压，再氮气吹干，得到的黑色粉末就是 $Fe@Fe_2O_3$。

(2) $Fe@Fe_2O_3$/CNTs/PTFE催化剂的制备

按质量比为2∶1∶3分别称取 $Fe@Fe_2O_3$、CNTs、PTFE，加入100mL小烧杯中，再加入少量无水乙醇，将上述物质混合均匀，得到黑色面团状固体，压干，成型，得到直径为2mm左右的小球，烘干，称重，备用。

(3) 催化剂物相和形貌分析

用XRD分析物相组成；用SEM分析催化剂的形貌特征。

(4) 微波诱导催化氧化RhB溶液

量取50mL 5mg/L的RhB溶液加入100mL小烧杯中，再加入1g催化剂，将上述物质置于微波反应器中，打开冷凝水，预设加热到100℃，每隔2min取样一次。将所得的5组样品溶液离心，在555nm处，测其吸光度。

(5) 总有机碳（TOC）测定

利用总有机碳测定仪测定上步所取得RhB溶液样品的总有机碳值，计算微波诱导催化氧化RhB过程中有机碳矿化成 CO_2 的比例，得到矿化率。

(6) 催化剂的使用寿命

将反应后的催化剂取出，洗净，烘干。再重复第（4）步实验4次，方法同上，观察其5组溶液的降解情况。

【注意事项】

① 在 $Fe@Fe_2O_3$ 的制备过程中会产生大量的氢气，要注意安全防止爆炸。

② 为避免 $Fe@Fe_2O_3$ 烘干时被氧化，应及时通入 N_2 保护。

③ 在微波降解染料取样的过程中，因为温度较高，应避免烫伤。

【实验数据处理】

① 分析XRD、SEM的表征数据。

② 根据吸光度的变化，计算罗丹明B的降解率，分析催化剂的催化活性。

③ 分析罗丹明 B 的浓度与时间的变化关系，判断反应的宏观动力学行为。

【思考题】

① 为什么要在 $Fe@Fe_2O_3$ 烘干时及时通入大量 N_2？

② 有机物氧化和矿化之间有什么联系和区别？

③ Al_2O_3 不吸收微波，直接用于微波反应的催化剂是否恰当？

④ 在复合催化剂的制作过程中，为什么不用水而用无水乙醇将其混合？

7.4 葡萄糖酸钙口服液中钙、锌等成分含量分析

【实验目的】

① 建立“量”的概念；了解常用的钙、锌常量化学分析方法（容量法、沉淀重量法），比较不同方法的特点、应用范围与局限性；比较相同方法但不同指示剂对测定结果准确度的影响；在比较中思考，在比较中学习如何设计实验并具体实施，以证实自己的推测和假设。

② 学习EDTA标准溶液的配制和金属锌样品的化学预处理方法；加深络合反应体系中溶液酸度对反应完全度的影响以及指示剂选择的重要性的理解。

③ 学习 $KMnO_4$ 标准溶液的配制方法、晶形沉淀的制备及洗涤方法，以及高锰酸钾法测定钙的基本操作；加深理解氧化还原反应体系中溶液介质、酸度等因素对反应完全度的影响。

④ 学习晶形沉淀的制备方法及重量分析的基本操作；建立恒重的概念；了解微波技术在样品干燥方面的应用。

【实验原理】

葡萄糖酸钙口服液用于治疗因缺钙、锌引起的疾病，包括骨质疏松、手足抽搐症、骨发育不全和佝偻等；还用于妊娠妇女、哺乳期妇女和绝经期妇女钙的补充；对于小儿生长发育迟缓、食欲缺乏、厌食症、复发性口腔溃疡以及痤疮等均有疗效。其主要成分为葡萄糖酸钙、葡萄糖酸锌和盐酸赖氨酸。

葡萄糖酸钙口服液中含钙量可用EDTA络合滴定法、高锰酸钾滴定法和重量法测定，含锌量可用络合滴定法测定。

本实验中葡萄糖酸钙口服液为实际样品，在基础实验部分没有涉及，能否利用学过的方法来测定其中指定元素的含量，对学生来讲是“新鲜的”。首先要查询相关文献资料，根据所获得的样品背景信息，动脑筋去想，寻找适宜的方法，设计可行的方案，比较不同方法和方案之间的异同与优劣。

【仪器试剂】

(1) 仪器

容量分析所用仪器及玻璃器皿，百分之一、万分之一电子天平（或机械分析天平），2个玻璃砂坩埚（G4或P16），1个玻璃砂漏斗（G4或P16），淀帚，坩埚钳，水浴锅，天然气灯，电动循环水真空泵（配抽滤瓶），微波炉。

(2) 试剂

EDTA，金属锌片（纯度≥99.9%），$CaCO_3$（优级纯），六亚甲基四胺 [$(CH_2)_6N_4$]，HCl溶液（1+1），0.2%二甲酚橙溶液，铬黑T(EBT)指示剂，钙指示剂，紫脲酸铵指示剂，2mol/L NaOH或KOH溶液，氨性缓冲溶液（pH=10），$KMnO_4$，$Na_2C_2O_4$（工作基准或优级纯），H_2SO_4 溶液（1+5），4% $(NH_4)_2C_2O_4$ 溶液，氨水（1+1），0.1%甲基橙溶液，0.1mol/L $AgNO_3$ 溶液，2mol/L HCl溶液，0.50mol/L H_2SO_4 溶液，广泛pH试纸。

以上试剂除说明外，均为分析纯。

【实验步骤】

① 根据文献资料和药品说明书中所给的含量，计算各种方法所需的取样量和滴定剂

浓度。

② 配制所需的标准溶液。

③ 葡萄糖酸钙口服液样品分析。

【注意事项】

① 请佩戴护目镜、身着实验服。

② 用明火加热水浴锅时，请注意安全。

③ 使用微波炉前，请认真阅读操作说明书；微波炉开启后，请与其保持安全距离。

【分析讨论】

① 比较不同钙含量测定方法的分析结果，给出解释。

② 比较相同方法、不同指示剂的分析结果，给出解释。

③ 认真观察实验中出现的异常现象，并尝试通过实验数据和结果给出解释。

【思考题】

① 为什么需要分别在酸性和碱性介质中标定 EDTA 的浓度？如果本实验只用锌标准溶液进行标定，试比较两种 pH 条件下标定的结果是否一致，若一致说明什么？若不一致，其原因又是什么？如果在碱性介质中分别用锌和钙标准溶液标定，均用铬黑 T 作指示剂，标定的 EDTA 浓度是否有差别？如果锌标定用铬黑 T、钙标定用钙指示剂，标定的 EDTA 浓度是否有差别？

② 分步络合滴定的条件是什么？口服液中的钙和锌能否进行分步络合滴定，为什么？

③ 能否用容量分析方法测定口服液中盐酸赖氨酸的含量？

④ 如何定量得到被分析物的沉淀型？制备 $BaSO_4$ 和 CaC_2O_2 沉淀时，加入沉淀剂的方法有何不同，其反应机理有何不同？请说明制备 CaC_2O_4 沉淀时控制体系酸度的必要性。

⑤ 微波炉用于加热或干燥样品的原理是什么？有什么特点？请思考参考书中给出的相应内容的思考题。

7.5 核/壳结构导电聚合物复合材料的制备与表征

【实验目的】

① 了解导电有机高分子材料的基础知识，提高学生的思维能力。

② 掌握一种导电有机高分子（复合）材料的制备原理与方法，培养学生的创新意识。

③ 学习乳胶粒子形貌的表征技术——透射电子显微镜（TEM）和扫描电子显微镜（SEM）。

④ 掌握一种处理粉末样品的技术——冷冻干燥技术。

⑤ 掌握一种半导体材料的测试技术——四探针电导率仪技术。

【实验原理】

本实验采用无皂乳液聚合以及种子（或两阶段）乳液聚合技术，制备出综合性能优良的核/壳结构导电聚合物复合微球，并采用 TEM 和 SEM 等技术对其结构与形貌进行表征，同时，利用四探针电导率仪测试样品的电性能。

本实验中核/壳结构聚苯乙烯/聚苯胺导电聚合物复合材料的制备原理如图 7-2 所示。

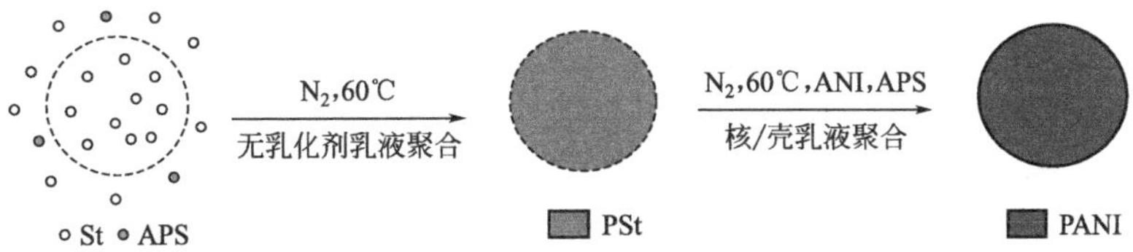

图 7-2 核/壳结构聚苯乙烯/聚苯胺导电聚合物复合材料的制备原理

St—苯乙烯；APS—过硫酸铵；ANI—苯胺；PSt—聚苯乙烯；PANI—聚苯胺

通过本实验项目的实施，学生既可以掌握无皂乳液聚合以及种子（或两阶段）乳液聚合等聚合物微球以及聚合物复合微球的制备方法，又可以学习透射电子显微镜（TEM）、扫描电子显微镜（SEM）和四探针电导率仪等现代表征技术。同时，还掌握了处理粉末样品的冷冻干燥技术。因此，本实验是一个综合性较强的实验项目。

【仪器试剂】

(1) 仪器

真空泵，机械搅拌器，电磁搅拌器，电子天平，透射电子显微镜（TEM），扫描电子显微镜（SEM），FD-1E 冷冻干燥机，RTS-8 型四探针电导率仪，减压蒸馏装置，乳液聚合装置。

(2) 试剂

苯乙烯（分析纯，需减压蒸馏处理），苯胺（分析纯，需减压蒸馏处理），过硫酸铵（分析纯），去离子水。（减压蒸馏实验的条件需要学生自己查阅实验书或相关文献）

【实验步骤】

① 准备好实验中所需要的试剂。同时，采用减压蒸馏法精制实验所用单体：苯乙烯、苯胺。

② 采用无皂乳液聚合方法制备聚苯乙烯种子乳液，采用重量法测定反应的转化率和乳液的固含量。采用 TEM 和 SEM 观测所制备乳胶粒的尺寸大小和形貌。

③ 采用种子乳液聚合方法制备聚苯乙烯/聚苯胺（PSt/PANI）核/壳结构导电聚合物复合微球。采用 TEM 和 SEM 观测所制备复合微球的尺寸大小和形貌。

④ 采用冷冻干燥法处理粉末状聚苯乙烯和聚苯乙烯/聚苯胺复合材料，用压片机压片，采用四探针电导率仪测试聚苯乙烯和聚苯乙烯/聚苯胺复合材料的电性能。

⑤ 整理数据，写出实验总结报告。

【思考题】

① 核/壳乳液聚合有哪些特征？它在制备高分子复合材料时有什么特别之处？

② 稳定无皂乳液聚合的因素有哪些？这些因素是如何发挥作用的？

③ 导电聚合物同金属导体相比较有哪些优势和不足？

④ 聚合物导电机理与金属导电机理是否相同？为什么？

7.6　氨分解催化制氢用金属氮化物催化剂的制备及动力学研究

【实验目的】

① 了解氨分解制氢反应的催化剂类型及种类。

② 掌握氨分解制氢反应用金属氮化物催化剂的制备及预处理方法。

③ 掌握气固多相催化反应评价装置及测试方法。

④ 掌握宏观及本征反应速率的区别及宏观反应动力学参数的确定方法。

【实验原理】

氨的多相催化分解与合成一直是人们广泛研究的重要反应之一。在理论方面，氨分解作为氨合成的逆反应以及肼分解的子反应，其高效催化剂的深入研究将对人工固氮和肼分解具有极其重要的意义。目前，用于氨催化分解的催化剂主要有 Fe、Ni、Ru 等。但是它们有各自的缺点：Fe 催化剂抗毒性太差、容易失活；Ni 催化剂反应条件苛刻、能耗高、寿命短；Ru 基催化剂原料昂贵难得、制备复杂以及活性组分的流失等原因，这些缺点限制了这些催化剂的应用推广。被誉为“准铂催化剂”的过渡金属氮化物，在氨分解与合成、加氢等涉氢反应中表现出了优异的催化性能。

由于过渡金属氮化物是元素 N 进入金属晶格内部形成的一种“间充性”金属化合物，N 元素的插入，使金属的 d 带空穴数增加、Femi 能级降低。N 元素的这种改性使它兼具共价化合物、离子晶体和过渡金属三种物质的性能，表现为类似于 Pt 和 Rh 等贵金属元素的催化性能，特别是在氨分解与合成、加氢等涉氢反应中，被誉为“准铂催化剂”。过渡金属氮化物有望成为下一代氨分解催化剂。目前过渡金属氮化物作为一种潜在的新型催化材料，受到了越来越多的关注。

金属氢化物早期的合成方法是高温加热法及等离子体溅射法，不过这些方法合成出的产物比表面积较小且产率低。本实验采用程序升温技术（temperature-programmed reaction，TPR）制备高比表面积的氮化物。此法是使氮化气体（NH_3）通过过渡金属氧化物，然后采用缓慢的升温速率，得到高比表面积氮化物。

在气固相氨分解反应中，采用工业粒度的催化剂测试宏观反应速率时，反应物系经历外扩散、内扩散与表面反应三个主要步骤。其中外扩散阻力与工业反应器操作条件有很大关系，通过床层的流体质量速度是影响扩散传递阻力的主要因素。设计工业反应装置和实验室反应器时，一般选用足够高的流体质量速度，尽量排除反应过程中颗粒的外部传质阻力。

氨分解反应测定的反应速率，实际上是在排除外部传质阻力后，包含内部传质阻力的宏观反应速率。该反应速率能表征工业催化剂的颗粒特征，便于应用于反应器设计与操作。催化剂颗粒通常制成多孔结构以增大其内表面积，因此颗粒的内表面积远远大于外表面积，反应物必须通过孔内扩散并在不同深度的内表面上发生化学反应，而反应产物则反向扩散至气相主体，扩散过程将形成内表面各处的浓度分布。颗粒的粒度是影响内部传递阻力的重要因素，将工业粒度催化剂的宏观反应速率与本征速率比较，则可以判别内扩散对反应的影响程度。

实验室中进行动力学研究的催化反应器可分为积分反应器、微分反应器以及无梯度反应器。本实验采用固定床积分反应器。对于一定的反应系统，反应速率为温度及各反应组分浓度的函数。

对于气相反应：

$$\gamma_A A+\gamma_B B \longrightarrow \gamma_P P$$

其速率方程为：

$$r_A=-\frac{dc}{dt}=kc_A^{\alpha}c_B^{\beta} \tag{7-3}$$

此时待定的参数数目多于两个，需要在实验条件上做出一些规定，否则难于用图解法等求待定参数。在进行实验时，使开始时组分 B 的浓度远大于组分 A，这时组分 B 浓度可近似看作常数，而与 k 合并作为一个新的常数处理；反过来，当组分 A 大量过量时，则可求出组分 B 的反应级数 β 及反应速率常数 k。

对于含两个待定参数的速率方程：

$$r_A=-\frac{dc}{dt}=kc_A^{\alpha} \tag{7-4}$$

应用积分法求定反应级数 α 及反应速率常数 k 时，首先将式(7-4) 积分，结果为：

$$\frac{1}{c_A^{\alpha-1}}-\frac{1}{c_{A_0}^{\alpha-1}}=(\alpha-1)kt \tag{7-5}$$

式中，c_{A_0} 为组分 A 的初始浓度。由式(7-5) 知，以时间 t 对 $1/c_{A_0}^{\alpha-1}$ 作图应得一条直线，其斜率为 $k(\alpha-1)$，截距为 $1/c_{A_0}^{\alpha-1}$，但是 k 和 α 均是所要求的参数，都是未知数。因此，需要先假定 α 的值，根据实验测得不同时间 t 时组分浓度 c_A 的数据，按上述方法作图，若得到一条直线，表明所设 α 值正确，若否定需重新设定 α 值而作，直至获得满意的 α 值为止。

【仪器试剂】

(1) 仪器

分析天平，电热鼓风恒温干燥箱，马弗炉，质量流量计，气相色谱仪。

(2) 试剂

硝酸钼，硝酸钴，γ-Al_2O_3，高纯氨气，高纯氮气，高纯氩气，高纯氢气。

【实验步骤】

(1) 金属氮化物催化剂的制备

① 称取一定量的催化剂载体 γ-Al_2O_3，放入量筒中测量其体积，然后往其中滴加蒸馏水，直至载体完全浸润同时没有多余的蒸馏水析出，此时测量出所用的蒸馏水体积。根据载体与蒸馏水的量，确定催化剂载体的饱和吸水量。

② 称取一定量的 γ-Al_2O_3 放入烧杯中，根据载体、金属组分的比例，称取适量的硝酸钴、硝酸钼试剂，按照载体的饱和吸水量配制成一定浓度的硝酸盐溶液倒入烧杯中。在空气中放置过夜，于 393K 空气气氛下干燥过夜，再在 773K 氮气气氛下焙烧 4h，即得到氨分解反应用催化剂前驱体。

③ 装样：在石英管内装上一层石英棉，用玻璃棒抹平，然后小心倒进样品，再在上面铺上一层薄的石英棉，把石英管安装拧好，插入热电偶。先打开氮气质量流量计，检查反应装置气密性。如果气压很快上升，表明气密性良好，否则，检查各气体接口是否拧紧，反复检漏。

④ 把氮气和氢气气瓶的总阀打开，并调节各自的分压阀至 0.2MPa，打开氮气和氢气质量流量计，并按照要求设定质量流量计的流量，以 10℃/min 的升温速率对系统进行程序升温氮化处理，即得到氨分解催化反应的新鲜态的氮化物钴钼催化剂。

(2) 金属氮化物催化剂氨分解性能的评价

① 打开氩气和氨气的总阀，并调节各自的分压阀至 0.2MPa，打开氩气和氨气质量流量计，向装有新鲜态的金属氮化物催化剂反应管中通入氨气和氩气（作为稀释气）。

② 对固定床反应器进行程序升温，以 50℃ 为间隔，从 400℃ 升至 900℃。每个温度下稳定 0.5h 后，扳动六通阀，采用 GC9800 气相色谱仪进行在线分析尾气组成，采用内标法计算氨转化率。

③ 在不同温度下测定此氨气流量下的反应产物氮气、氢气、氨气的峰面积，实验结束后，首先停止控温，再关闭质量流量计和气瓶阀门。

(3) 氨分解反应本征动力学速率常数的测定

① 将催化剂进行装样，按照前面的步骤进行氮化处理。在不同的反应气体流量下，测定反应尾气的组成，确定消除外扩散的气体流速。

② 在不同的催化剂粒径下，进行催化剂的氨分解实验，检测反应尾气的组成，确定消除内扩散的催化剂粒径。

③ 在消除了内外扩散的反应气体流量和催化剂粒径下，在 400～900℃ 区间内，改变不同的反应温度，固定反应气体中氨的含量，测定反应尾气的组成。

④ 固定反应温度为 700℃，改变反应气体中氨的含量，测定不同氨含量下反应尾气的组成。

⑤ 实验结束后，首先停止加热，再关闭质量流量计和气瓶阀门。

【注意事项】

① 实验气体具有毒性和易燃性，实验过程中一定要注意检漏。

② 采用热导池进行检测时，所用的填充柱载体为 TDX-01，氨气会对色谱柱的性能有影响，要定期对色谱柱进行高温再生处理。

【实验数据处理】

① 实验原始数据记录见表 7-8。

表 7-8 原始数据记录

序号	实验压力/kPa	反应温度/℃	气体流量 V /(cm^3/min)	反应时间 t /min	反应气体组成 y_{NH_3}	H_2 的峰面积	NH_3 的峰面积	N_2 的峰面积
1								
2								
3								

② 实验数据处理。

氨分解反应主要的评价指标为反应转化率（X,%）：

$$X=([NH_3]_{in}-[NH_3]_{out})/[NH_3]_{in}\times 100$$

【分析讨论】

① 本实验采用程序升温氮化法得到金属氮化物催化剂，不同的氮化条件将影响催化剂的氮化程度，讨论如何确定氮化温度、氮化气氛、升温速率。

② 提高反应气体流量，氨分解反应的外扩散可以消除，通过实验数据，确定外扩散消除的气体流速。

③ 多相催化反应的内扩散可以通过降低催化剂的粒径来消除，通过实验数据，确定内扩散消除的最小催化剂粒径。

【思考题】

① 多相催化反应所用催化剂有几种制备方法？各有什么优缺点？

② 气相色谱法有几种测定方法？内标法、外标法和归一化法的适用场合是什么？

③ 气固相催化反应宏观动力学和本征动力学的区别是什么？

④ 如何消除催化剂床层的内外扩散？宏观动力学中内外扩散通过怎样的修正来表示？

⑤ 如何由氨分解反应动力学方程推导出氨分解反应的动力学步骤？

7.7　由锌焙砂制备七水合硫酸锌、活性氧化锌及产品含量的测定

【实验目的】

① 引导学生运用无机化学基本理论、基本知识和实验方法，查阅相关资料，完善实验方案，以提高学生综合运用所学知识解决实际问题的能力及创新能力。

② 掌握从粗硫酸锌溶液中，除去铁、铜、铅、镍和镉等杂质离子的原理和方法。

③ 综合训练无机化工产品的制备、纯化和定量分析的实验技能。

④ 学习 EDTA 配位滴定法测定锌含量的原理和方法，掌握配位滴定中酸度的控制、干扰离子的消除以及终点的控制。

【实验原理】

硫酸锌是合成锌钡白的主要原料之一，常由锌精矿焙烧后的锌焙砂或其他含锌原料，经过酸浸、氧化、置换和再次氧化等化学反应制得。

氧化锌为白色或浅黄色粉末，难溶于水和醇，易溶于稀酸、氢氧化钠和氯化铵溶液。在空气中能缓慢与 CO_2 和 H_2O 发生反应而形成碱式碳酸锌。

活性氧化锌与普通氧化锌具有相同的化学成分，与普通氧化锌相比，活性氧化锌具有很多独特的性能，如粒度小、比表面积大、荧光性、压电性以及较强的吸水性和散射紫外线能力等，因此显示出优越的性能和广泛的应用前景，市场需求量越来越大。

橡胶工业是消耗氧化锌最多的产业，约占氧化锌消费量的 50%～60%。活性氧化锌能有效促进橡胶的硫化、活化，具有补强防老化作用，与普通氧化锌相比，其用量可减少 40%～50%。活性氧化锌还可作为白色乳胶的着色剂和填充剂、塑料工业中的光稳定剂、合成氨工业中的脱硫催化剂，还可应用于涂料、搪瓷、颜料等工业生产中。在化妆品中添加活性氧化锌，既能防紫外线，又能抗菌除臭。以活性氧化锌为主体，配以 Bi_2O_3 等制得的变阻器可用作电压保护装置。

氧化锌的制备方法很多，工业上常用氢氧化锌、碳酸锌或碱式碳酸锌分解法。如：碱式碳酸锌加热到 300℃以上即可分解，但为了提高反应速率，温度一般控制在600～800℃。

$$ZnCO_3 \cdot 2Zn(OH)_2 \cdot 2H_2O \xrightarrow{\triangle} 3ZnO + CO_2\uparrow + 4H_2O$$

本实验以锌焙砂（主要成分为氧化锌和锌，含有少量铁、铜、铅、镍、镉等金属氧化物杂质）和硫酸为主要原料，制备七水合硫酸锌，以碳酸氢铵为沉淀剂，采用碱式碳酸锌分解法制备活性氧化锌。对于实验过程，已经给出了一个粗略的工艺路线（或称不完整的方案）。请查阅相关资料和信息，进一步充实和完善实验方案中有关内容（主要包括：试剂的选用、反应条件的确定以及如何控制反应条件等）。然后，根据完善后的实验方案，完成七水合硫酸锌及活性氧化锌的制备。

硫酸锌或 ZnO 含量采用配位滴定法测定，用 NH_3-NH_4Cl 缓冲溶液控制溶液 pH≈10，以铬黑 T 作为指示剂，用 EDTA 标准滴定溶液进行滴定，其主要反应如下。

在氨性溶液中：

$$Zn^{2+} + 4NH_3 \rightleftharpoons Zn(NH_3)_4^{2+}$$

加入 EBT（铬黑 T）时：

$$\underset{(蓝色)}{Zn(NH_3)_4^{2+}+EBT} \rightleftharpoons \underset{(酒红色)}{Zn\text{-}EBT}+4NH_3$$

滴定开始～计量点前：

$$Zn(NH_3)_4^{2+}+EDTA \rightleftharpoons Zn\text{-}EDTA+4NH_3$$

计量时：

$$\underset{(酒红色)}{Zn\text{-}ETB}+EDTA \rightleftharpoons Zn\text{-}EDTA+\underset{(蓝色)}{EBT}$$

【仪器试剂】

（1）仪器

分析天平，托盘天平，电热套，温度计，烧杯（250mL×2，100mL×1），洗瓶，玻璃棒，布氏漏斗，滤纸，吸滤瓶，真空泵，精密 pH 试纸（3.8～5.4，5.5～9.0），淀粉-KI 试纸，广泛 pH 试纸（1～14），蒸发皿，石棉网，碱式滴定管，锥形瓶（250mL），烘箱，高温炉，蒸发皿（150mL），称量瓶，试剂瓶（500mL），容量瓶（250mL）。

（2）试剂

锌焙砂 10g，锌灰 1g，Zn粉 0.1g，H_2SO_4（3mol/L），$KMnO_4$（0.1mol/L），NH_4HCO_3(s)，EDTA 二钠盐（EDTA）标准滴定溶液，铬黑 T 指示剂（$m_{铬黑T}:m_{NaCl}=1:50$），$NH_3 \cdot H_2O$（25%～28%），H_2O_2（3%），NH_3-NH_4Cl 缓冲溶液（pH＝10），基准锌（电解锌片），$BaCl_2$（0.1mol/L）。

【实验步骤】

（1）酸解

① 加 40mL 水将 10g 锌焙砂湿润（思考：加自来水？还是蒸馏水？）；

② 加一定量 H_2SO_4（3mol/L）（自己计算用量）；

③ 加热至 70℃左右；

④ 不断搅拌（充分搅拌）；

⑤ 反应 20～50min。

（2）除铁

在硫酸锌溶液（粗溶液）中加入 0.1mol/L 的 $KMnO_4$ 溶液。

① $KMnO_4$ 的量如何控制？

加入 $KMnO_4$ 的目的是将二价的铁离子氧化成三价的铁离子，所以 $KMnO_4$ 的加入以溶液由浅绿全部变黄为止。

② pH 为多少？

为了保证 $KMnO_4$ 的强氧化性，溶液一般保持酸性（pH<7）。

（3）除重金属，制 $ZnSO_4 \cdot 7H_2O$

① 加入锌粉 0.1g；

② 不断搅拌；

③ 反应 5min；

④ 适当加热，减压过滤；

⑤ 将滤液用水浴加热，蒸发浓缩至表面有晶膜出现为止；

⑥ 冷却、结晶、减压过滤（滤液留做制备 ZnO）；

⑦ 称重，记录晶体质量。

(4) 制备 ZnO

① 在上述滤液中先加入 100mL 蒸馏水稀释，然后加入 9g NH_4HCO_3（分批加入！为什么?）；

② 不断搅拌；

③ 温度低于 35℃（为什么?）；

④ 减压过滤，充分洗涤滤饼；

⑤ 将洗涤后的滤饼在烘箱内 240℃烘干 10min；

⑥ 将干燥后的半成品置于高温炉内，在适宜温度下煅烧一定时间；

⑦ 取出产品氧化锌，冷却至室温，称重，并进行含量分析。

(5) 设计新的制备工艺

分析上述制备方法的优缺点，针对存在的问题查阅相关文献资料，提出改进措施或设计新的制备工艺路线，经与指导教师讨论完善后实施。

(6) 定量分析

① EDTA 标准溶液的配制与标定：

a. 0.02mol/L EDTA 标准溶液的配制；

b. 0.02mol/L EDTA 标准溶液的标定。

准确称取 0.26～0.39g 已处理好的基准锌片，溶解后完全转移至 250mL 容量瓶中，用水稀释至刻度，摇匀。计算 Zn^{2+} 标准溶液的浓度 $c(Zn^{2+})$。

准确吸取 25mL 上述锌标准溶液于 250mL 锥形瓶中，滴加 1∶1 氨水至白色沉淀刚好出现，再加入 10mL NH_3-NH_4Cl 缓冲溶液（pH=10），摇匀，加去离子水 20mL，加入铬黑 T 指示剂，用 EDTA 标准溶液滴定至终点。平行标定三次，计算 EDTA 的浓度及滴定误差。

② 产品含量的测定：精确称取 0.16～0.17g 产品硫酸锌（准确至 0.0002g），加入 50mL 水，用 10%的氨水调至 pH=7～8，加 10mL NH_3-NH_4Cl 缓冲溶液（pH=10），加 0.1g 铬黑 T 指示剂（用牛角勺小头取固体指示剂即可）。摇匀，用 EDTA 标准溶液滴定至终点，同时做空白试验。计算产品的质量分数（以氧化锌计，平行测定三次）。

【注意事项】

① 碱式碳酸锌的煅烧温度与时间将会影响产品的质量与活性。煅烧的温度过高、时间过长，易使产品烧结，影响产品的活性；温度太低、时间过短，又不能使其完全分解，所以应控制合理的煅烧温度与时间。

② 蒸馏水的质量是否符合要求，是配位滴定应用中十分重要的问题：a. 若配制溶液的水中含有 Al^{3+}、Cu^{2+} 等，就会使指示剂受到封闭，致使终点难以判断；b. 若水中含有 Ca^{2+}、Mg^{2+}、Pb^{2+}、Sn^{2+} 等，则会消耗 EDTA，在不同的情况下会对结果产生不同的影响。因此，在配位滴定中，必须对所用的蒸馏水的质量进行检查。为保证质量，经常采用二次蒸馏水或去离子水来配制溶液。

③ EDTA 溶液应当储存在聚乙烯塑料瓶或硬质玻璃瓶中。若储存于软质玻璃瓶中，会不断溶解玻璃中的 Ca^{2+} 形成 CaY^{2-}，使 EDTA 的浓度不断降低。

④ 金属指示剂往往是有机多元弱酸或弱碱，兼具 pH 指示剂的功能，因此，使用时必须注意选择合适的 pH 范围。

【思考题】

① 用 $KMnO_4$ 溶液除铁过程中，理论上 pH 应控制在什么范围？你认为在实际生产过程中应控制在什么范围？若溶液的 pH 低于或高于你想控制的 pH 范围，应如何调节？

② $KMnO_4$ 的量如何控制？若不小心加入的 $KMnO_4$ 过量太多，应如何处理？

③ 除铁过程中是否需要加热？原因何在？

④ 用 $KMnO_4$ 氧化 Fe^{2+} 为 Fe^{3+} 时，在酸性和微酸性条件下，反应产物是否一样？试写出它们的反应式。

⑤ 如何定性鉴定硫酸锌溶液中是否存在 Fe^{2+}（或 Fe^{3+}）和 Mn^{2+}？

⑥ 用锌粉置换法除去硫酸锌溶液中的 Cu^{2+}、Cd^{2+}、Ni^{2+} 时，如果检验 Ni^{2+} 已除尽，是否可以认为 Cu^{2+}、Cd^{2+} 也已除尽？

⑦ EDTA 配位滴定中为什么要使用缓冲溶液？多加缓冲溶液对测定有影响吗？

⑧ 在配位滴定中，指示剂应具备什么条件？

⑨ 怎样用氨水溶液（10%）调节溶液 pH 至 7～8？

7.8　溶胶-凝胶法固定化 α-淀粉酶及其活性测定

【实验目的】

① 通过实验认识常温下，溶液中合成无机材料中溶胶-凝胶（sol-gel）过程的特点。

② 通过实验掌握溶胶-凝胶法固定化酶的实验方法，了解经由溶胶-凝胶过程制备有机组分材料的特点。

③ 了解酶的活性及酶活性的测定原理，掌握常用的蛋白质的定量方法。

④ 训练学生将化学和生化相结合的能力，加深学生对生化实验特点的认识。

【实验原理】

(1) 溶胶-凝胶法固定化酶

溶胶-凝胶法是一种条件温和（一般在 100℃以下）的材料合成方法，其过程一般为金属的有机或无机化合物在溶液中，在酸或碱的催化下经过水解、缩聚等反应形成复杂的网状结构的凝胶。用溶胶-凝胶法固定化酶等生物活性物质是从 1990 年后迅速发展起来的。这种方法属于物理过程，对酶的尺寸无特殊要求，凝胶网络围绕酶逐渐形成，温和的反应条件和凝胶的非晶态结构等可以较好地保持酶的结构完整性。二氧化硅是固定化酶中常用的基质材料，它比有机聚合物材料具有更好的化学和热稳定性、良好的坚固性和抗磨性。另外，由于基质含有足够的水，使生物酶等处于水溶液的微环境中，有利于保持它的活性和稳定性。

本实验通过正硅酸乙酯水解，缩聚的溶胶-凝胶过程对 *α*-淀粉酶进行固定化，并测定固定化后酶的活性。溶胶-凝胶过程包括两个过程：一是正硅酸乙酯的水解过程；二是水解后得到的羟基化合物的缩聚过程。

水解过程：

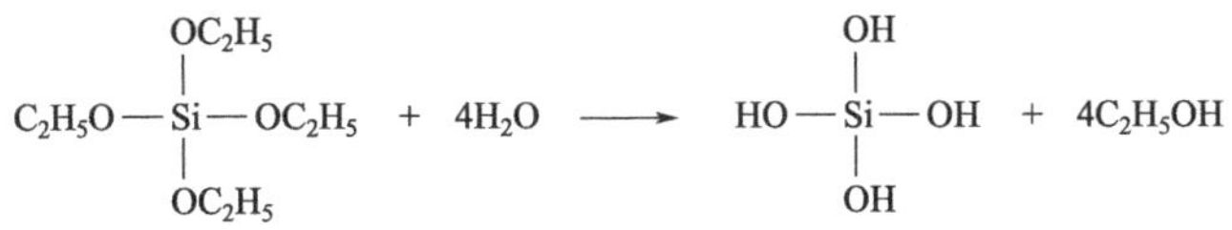

缩聚过程：

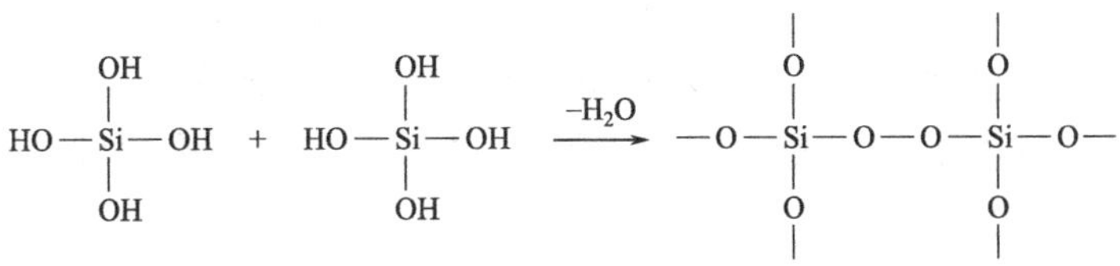

(2) 考马斯亮蓝法定量测定酶

在一定蛋白质浓度范围（1～1000μg/mL）内蛋白质-染料复合物在 595nm 处的光吸收量与蛋白质含量成正比，故可用于蛋白质的定量测定。

蛋白质与考马斯亮蓝 g-250 的结合十分迅速，约 2min 即可反应完全，其复合物在 1h 内保持稳定。由于蛋白质-染料复合物具有很高的消光系数，因此大大提高了蛋白质测定的灵敏度（最低检出量为 1μg）。由于染色法简单迅速、抗干扰性强、灵敏度高、线性关系好，近年来在某些方面有取代经典的 Lowry 法的趋势，是一种较好的蛋白质快速微量测定方法。

(3) 酶活性测定

酶活性测定根据不同酶自身的性质不同有多种方法，本实验采用的是光谱吸收法，该法主要指分光光度法和荧光法。分光光度法是利用反应物和产物在紫外和可见光部分光吸收不同，选择一适当的浓度，连续测定反应过程中光吸收的变化。该法适用于一些反应速度较快的酶。

【仪器试剂】

(1) 仪器

分光光度计，酸度计，磁力搅拌器，0～1000μL 可调加样器。

(2) 试剂

正硅酸乙酯，三羟甲基氨基甲烷（Tris），醋酸，盐酸，α-淀粉酶，可溶性淀粉（溶于苯甲酸、磷酸氢二钠缓冲溶液），0.01667mol/L 碘储备液（经由碘酸钾、碘化钾、浓盐酸配制），考马斯亮蓝 g-250 溶液（需由浓磷酸、乙醇、水配制，存于塑料瓶中），牛血清白蛋白（BSA）。

【实验步骤】

(1) 酶的固定化

① 量取 12.9mL 正硅酸乙酯，置于 50mL 锥形瓶中，加入 1.34mL 水，搅拌 5min 后加入 0.09mL HAc，保持持续搅拌。

② 配制 25mL 0.04mol/L 的 Tris 溶液，配制 70mL 的 0.04mol/L HCl（浓盐酸的浓度为 12mol/L）溶液，逐渐将 0.04mol/L HCl 溶液加入 Tris 溶液中，边加边用酸度计测定 pH，到 pH=7.58（约需 HCl 20～30mL）时停止，加水定容到 100mL。

③ 称取 0.4g α-淀粉酶（粗酶，具体浓度后面测定），用上述 Tris-HCl 缓冲溶液定容于 10mL 比色管，获得的粗酶浓度为：0.04g/mL。

④ 取步骤③中的酶溶液 5mL，加入步骤①的溶液中，保持持续搅拌，进行溶胶-凝胶过程，约 1～2 周后获得固定化酶颗粒。

(2) 工作曲线

① 淀粉溶液的配制（需现配）。小烧杯中，加入 0.400g 可溶性淀粉、0.86g 苯甲酸、2.66g 磷酸氢二钠、30mL 水，加热溶解后，用水定容到 100mL，该淀粉溶液的浓度为 4mg/mL，为储备液。稀释 10 倍后，以 0.4mg/mL 浓度的溶液为工作液，进行淀粉工作曲线的测定（在配制淀粉溶液的过程中，一定要等到淀粉溶液完全冷却后再定容于 100mL 的容量瓶中）。

② 0.01667mol/L 碘储备液的配制。精确称量碘酸钾 0.3567g、碘化钾 4.5g，共置于 100mL 容量瓶中，加入水 80mL，然后缓慢加入浓盐酸 9mL，摇匀后用水定容。使用时稀释 10 倍，此 0.001667mol/L 的溶液为工作液。

③ 考马斯亮蓝 g-250 溶液的配制。称取 25mg 考马斯亮蓝 g-250，溶于 12.5mL 95%乙醇，再加入 49g 浓磷酸，加水至 250mL，混合均匀，置于塑料瓶中，用后置于冰箱保存。

④ 牛血清白蛋白（BSA）标准溶液的配制。精确称量 BSA 0.01g，用配好的 Tris-HCl 缓冲液溶解定容于 10mL 比色管，浓度为 1mg/mL，作为储备液。使用时将 Tris-HCl 溶液稀释 10 倍（0.1mg/mL）作为工作液（10mL 就够），进行蛋白质工作曲线测定。

⑤ 测定工作曲线。按照表 7-9 和表 7-10 中所示的数据测定淀粉工作曲线和蛋白质工作曲线。测定淀粉工作曲线的波长为 660nm；蛋白质工作曲线的波长为 595nm。用电脑软件处理后分别获得各自的工作曲线。

(3) 固定化酶凝胶颗粒活性测定

称量干的含酶凝胶颗粒 0.1g，于 10mL 比色管中，加入 4mg/mL 的淀粉溶液 0.5mL，用 Tris-HCl 定容到 5mL，搅拌反应 5min，迅速取 0.3mL 上清液进行淀粉浓度测定，其他试剂用量同工作曲线步骤。测得吸光度值，代入工作曲线计算出剩余淀粉的量，减去加入淀粉的量得出被酶消耗的淀粉量，计算出酶的活性，单位为 mg/g。

(4) α-淀粉酶实际浓度测定

取 0.05mL 0.04g/mL 的粗 α-淀粉酶溶液 [步骤 (1) 中③，所配粗酶溶液]，按工作曲线步骤测定吸光度，代入工作曲线计算出所配粗酶实际浓度，单位为 mg/mL。

【注意事项】

① 使用浓盐酸、浓磷酸时注意安全。

② 考马斯亮蓝 g-250 易吸附玻璃，10mL 比色管用洗涤剂清洗，比色杯用乙醇清洗。

③ 注意酸度计使用的注意事项。

【实验数据处理】

① 淀粉标准曲线测试数据记录见表 7-9。

表 7-9 淀粉标准曲线测试数据

编号	1	2	3	4	5	6	7	8
I_2/mL	1.5	1.5	1.5	1.5	1.5	1.5	1.5	1.5
淀粉/mL	0	0.1	0.2	0.3	0.4	0.5	0.6	0.7
水/mL	加水定容于 5mL							
A(660nm)								

② 蛋白质标准曲线测试数据记录见表 7-10。

表 7-10 蛋白质标准曲线测试数据

编号	1	2	3	4	5	6	7	8
标准蛋白液/mL	0	0.1	0.2	0.3	0.4	0.5	0.6	0.7
g-250 染色液/mL	4							
每管中所含蛋白量/(μg/mL)	0	10	20	30	40	50	60	70
水/mL	加水定容至 5mL							
A(595nm)								

③ 按实验步骤 (3)、(4) 测定样品数据，得到结果：固定化酶的活性、酶溶液的实际浓度。

【分析讨论】

① 测定酶活性时用淀粉工作曲线，误差的主要来源是什么?

② 用 BSA 作标准蛋白质是否合适?

③ 生化实验中用的定量方法与化学分析中用的方法相比有何特点?

④ 如何对移液器进行校准?

【思考题】

① 影响溶胶-凝胶过程的主要因素有哪些？

② 实验中的哪些方面（包括步骤及试剂）需要考虑保护酶活性，其原因是什么？

③ 分析实验误差的主要来源，如何控制？

④ 除了淀粉为底物，还有什么适合作为底物测定酶的活性？

⑤ 溶胶-凝胶法固定化酶有什么缺点？

7.9　Ag^+ 催化 $S_2O_8^{2-}$ 与 Cr^{3+} 反应的动力学

【实验目的】

① 掌握测定反应速率常数的方法。

② 验证反应的速率方程式。

③ 掌握分光光度计的正确使用方法，理解其测量原理。

【实验原理】

在 Ag^+ 催化剂作用下，Cr^{3+} 被 $S_2O_8^{2-}$ 氧化为 $Cr_2O_7^{2-}$ 的反应方程式为：

$$2Cr^{3+}+3S_2O_8^{2-}+7H_2O \xlongequal{Ag^+} Cr_2O_7^{2-}+6SO_4^{2-}+14H^+ \tag{7-6}$$

当含有 Ag^+ 的溶液与 $S_2O_8^{2-}$ 混合时，会产生黑色沉淀，如果有 Cr^{3+} 存在就不会出现沉淀，根据这一现象，推测反应（7-6）可能是按两步进行，第一步 Ag^+ 可能被 $S_2O_8^{2-}$ 氧化为某一不稳定的氧化态中间产物 Ag^{2+}，$S_2O_8^{2-}$ 被 Ag^+ 还原为 SO_4^- · 自由基，该步骤为反应速率的控制步骤。

$$S_2O_8^{2-}+Ag^+ \underset{k_2}{\overset{k_1}{\rightleftharpoons}} SO_4^{2-}+Ag^{2+}+SO_4^-\cdot \tag{7-7}$$

第二步是

$$3Ag^{2+}+2Cr^{3+}+3SO_4^-\cdot+7H_2O \longrightarrow Cr_2O_7^{2-}+3Ag^++3SO_4^{2-}+14H^+ \tag{7-8}$$

根据动力学推断，反应（7-6）的速率由第一步控制，所以反应（7-6）的速率方程式可写为：

$$r=-\frac{d[S_2O_8^{2-}]}{dt}=-\frac{3}{2}\frac{d[Cr^{3+}]}{dt}=3\frac{d[Cr_2O_7^{2-}]}{dt}=k[S_2O_8^{2-}]^{n_1}[Ag^+]^{n_2}[Cr^{3+}]^{n_3} \tag{7-9}$$

式中，$[S_2O_8^{2-}]$、$[Cr^{3+}]$、$[Ag^+]$ 分别为 $S_2O_8^{2-}$、Cr^{3+}、Ag^+ 三种离子的浓度，mol/L；r、k 分别为反应速率和速率常数；n_1、n_2、n_3 分别为 $S_2O_8^{2-}$、Ag^+、Cr^{3+} 三种离子的分级数。本实验将证明反应对 Cr^{3+} 是零级，即 $n_3=0$，对 $S_2O_8^{2-}$、Ag^+ 都是一级，即 $n_1=n_2=1$，所以反应的总级数 $n=n_1+n_2=2$。

本实验采用 724 型分光光度计测量溶液的吸光度得到 Cr^{3+} 的浓度随时间的变化率来推导该反应的动力学规律。

只要$[S_2O_8^{2-}]\gg[Cr^{3+}]$。速率方程式(7-9) 就变为

$$r=-\frac{3}{2}\frac{d[Cr^{3+}]}{dt}=k[S_2O_8^{2-}]^{n_1}[Ag^+]^{n_2}[Cr^{3+}]^{n_3}\approx k[S_2O_8^{2-}]_0^{n_1}[Ag^+]_0^{n_2} \tag{7-10}$$

下标“0”表示这些物种的初始浓度。

在该条件下测定 $[Cr^{3+}]$ 随时间的变化率，并将 $[Cr^{3+}]$ 对时间 t 作图，所得直线的斜率即为 $d[Cr^{3+}]/dt$。

为了验证上述反应速率方程式，必须测定相对于 $S_2O_8^{2-}$、Ag^+、Cr^{3+} 的分级数 n_1、n_2、n_3。为了测定 $S_2O_8^{2-}$ 的分级数 n_1，可保持两次实验中具有初始浓度相同的 Ag^+ 和 Cr^{3+}，仅仅改变 $S_2O_8^{2-}$ 的初始浓度，由式(7-10) 可得

$$\frac{r_1}{r_2}=\frac{d[Cr^{3+}]_{02}/dt}{d[Cr^{3+}]_{01}/dt}=\frac{[S_2O_8^{2-}]_{02}^{n_1}}{[S_2O_8^{2-}]_{01}^{n_1}} \tag{7-11}$$

下标 02、01 表示两次实验的初始浓度，将式(7-11) 两边取对数并移项整理后得

$$n_1=\lg(r_1/r_2)/\lg\frac{[S_2O_8^{2-}]_{02}}{[S_2O_8^{2-}]_{01}} \tag{7-12}$$

同理可求 Ag^+ 和 Cr^{3+} 的分级数 n_2 和 n_3。

根据式(7-10) 由分级数 n_1、n_2、n_3，反应速率 r 及 $[S_2O_8^{2-}]_0$、$[Ag^+]_0$，可求出速率常数 k。

根据朗伯-比尔定律，式(7-10) 可改写为

$$r=-\frac{3}{2}\frac{d[Cr^{3+}]}{dt}=-\frac{3}{2}\frac{dA}{dt}\frac{1}{\varepsilon l} \tag{7-13}$$

$$k=-\frac{3}{2}\frac{dA}{dt}\frac{1}{[S_2O_8^{2-}]_0[Ag^+]_0\varepsilon l} \tag{7-14}$$

式中，A、ε、l 分别表示在一定波长下的吸光度、摩尔消光系数、比色池的光径长度。

本实验反应物浓度的改变会使反应体系离子强度发生改变，离子强度能影响液相离子间反应速率。为了消除离子强度改变所带来的影响，用已知浓度的 KNO_3 溶液作为支持电解质，根据离子强度计算公式，加入一定量的 KNO_3，使离子强度相等。

$$I=\frac{1}{2}\sum c_i Z_i^2 \tag{7-15}$$

式中，c_i 为 i 离子强度，mol/L；Z_i 为 i 离子电荷。

本实验反应液 1 号、2 号、3 号、4 号中 $K_2S_2O_8$ 是大量的，其他反应物的量较少，反应体系离子强度主要取决于 $K_2S_2O_8$，而 2 号反应液 $K_2S_2O_8$ 的量减少了一半，离子强度有较大的变化，因此该反应液需加入 KNO_3，使其离子强度与其他反应液保持一致。

【仪器试剂】

(1) 仪器

分光光度计，磨口试管 5 只，移液管（1mL、2mL、10mL）各一支，比色池 2 个。

(2) 试剂

$K_2S_2O_8$ 溶液（0.15mol/L），$AgNO_3$ 溶液（0.05mol/L），$Cr_2(SO_4)_3$ 溶液（0.10mol/L），KNO_3 溶液（0.45mol/L）。

【实验步骤】

① 打开分光光度计电源，并对分光光度计进行调零和校正吸光度 0.00。

② 探究 Cr^{3+} 的最大吸收波长。准确量取 1.0mL Cr^{3+} 溶液和 25mL 二次蒸馏水加入洁净的磨口试管中，充分摇匀混合，然后用该溶液洗涤洁净的 2cm 厚度的比色池三次，最后将此溶液盛入比色池（以后测量反应混合液的吸光度均用此比色池）中，在 570～590nm 范围内，每隔 2nm 测一次吸光度，找出溶液的最大吸收波长，并在此波长下准确测定溶液吸光度三次，取其平均值，然后按公式 $A=\varepsilon cl$ 求出摩尔消光系数 ε。将溶液稀释一倍，按上述方法再测一次 ε。

③ 在室温下测定 4 种不同浓度溶液的反应速率：

a. 按表 7-11 编号配制反应液。准确量取所需的 $K_2S_2O_8$、$Cr_2(SO_4)_3$ 和蒸馏水（2 号溶液所需的 KNO_3 溶液的量应在实验前计算好）加入洁净的磨口试管中，注意 4 种溶液不要同时配好，应该配好一份测一份反应速率，否则会因放置时间过长，即使不加催化剂，反应也会慢慢进行，影响测量结果的准确性。

表 7-11　反应液的配制

编号	移取量/mL			
	$K_2S_2O_8$	$Cr_2(SO_4)_3$	$AgNO_3$	H_2O
1	20	2	2	1
2	10	2	2	待定
3	20	2	1	2
4	20	1	2	2

b. 移取需要量的 $AgNO_3$ 溶液加入上述装有 $K_2S_2O_8$、$Cr_2(SO_4)_3$ 和蒸馏水的试管中，当加入一半时开始计时，摇匀，用此反应液洗涤比色池三次，再每隔 2min 测吸光度一次，至取 15 个数据为止。

【实验数据处理】

① 根据所测量的两个已知浓度的 Cr^{3+} 溶液的吸光度 A 求摩尔消光系数 ε，并取平均值。

② 将各反应液每一时间的吸光度 A 对时间 t 作图，从直线的斜率 dA/dt 及 εl 值，按式(7-13)及式(7-14) 求出各号反应液的反应速率 r 及速率常数。

③ 根据式(7-11) 计算相对于 $S_2O_8^{2-}$、Ag^+ 和 Cr^{3+} 的分级数。

【思考题】

① 温度对 λ_{max} 及 ε 有无影响？

② 反应过程中氢离子浓度有无变化？是否影响反应速率？

③ 影响本实验结果的主要因素有哪些？

7.10 TiO_2/SBA-16的快速合成法及其光催化性能研究

【实验目的】

① 针对目前合成 TiO_2/SBA-16 方法存在的弊端，提出了 TiO_2/SBA-16 的快速合成法。目的是培养学生的思维能力和创新意识。

② 掌握 SBA-16 的制备方法及仪器设备的操作，为下一步实验打好扎实的基础；结合光催化特性，自己组装光催化反应器。这可以显著提高学生的实验技能以及动手能力。

③ 对合成的样品，能够进行 XRD、BET 等测试表征，并能独立地进行分析，培养学生的独立分析问题能力。

【实验原理】

自然环境是人类的生存与发展，社会的文明与进步的基本保障。但是近年来作为现代文明和科技发展的副产物，全球性的污染越来越严重，气候变暖、臭氧空洞、水污染、土地沙漠化等，日益危害人类的生存。自 1972 年 Fujishima 和 Honda 发现 TiO_2 光催化分解水的现象以来，半导体光催化材料的研究受到了越来越多的重视。光催化剂具有含量丰富、洁净无害（利用半导体的电子结构和光化学性质对污染物进行降解、氧化或还原，最终转化为无害或可再利用的物质）、价格低廉并以太阳光为能源驱动力等特点，在绿色环保方面比生物化学制剂更有优势。TiO_2（特别是 P25-TiO_2）是现有光催化剂中效果及功能最好的，但其制备方法上仍存在缺陷，导致光催化剂存在吸附性差、光降解效率低和 TiO_2 粉末易分散等问题。

SBA-16 是一种氧化硅介孔材料，1998 年被首次合成，具有较高比表面积、孔道结构规整及孔径易于调节、热稳定性和水热稳定性较好、表面易改性等优点，在催化化学和吸附分离等领域有很大的潜在应用前景。此外，与其他介孔分子筛相比，SBA-16 具有三维立方相结构，故而在物料的传质、扩散等方面更具有优势。

SBA-16 的形成机理可能经历如下机理途径：双亲嵌段共聚物 $EO_{106}PO_{70}EO_{106}$ 作为模板剂在溶于溶剂中时能够形成自组装的聚集体，EO 链段与 PO 链段由于在水中的溶解度不同，因而形成胶束和聚集体，预水解的硅物种可以与 EO 链段相互作用，进入亲水的 EO 区域即胶棒内部并进一步交联，起到固定 EO 链段的作用，进而嵌段共聚物与硅物种协同作用。胶束加速硅物种的缩聚过程和硅物种的缩聚反应可以促进胶束形成类似液晶相结构有序体。胶束加速硅物种的缩聚过程主要是由于两相界面之间的相互作用（如静电吸引力、氢键作用或配位键），导致无机物种在界面处的浓缩，从而进一步形成三维立方结构的 SBA-16 介孔分子筛。图 7-3 为 SBA-16 介孔分子筛的合成机理图。

目前，国内外制备 TiO_2/SBA-16 的方法主要是浸渍法和凝胶-溶胶法，但所得 TiO_2/SBA-16的光催化效果都不是太理想，主要原因是：①在酸性条件下，TiO_2 的前驱物在过滤洗涤过程中容易流失；②在合成过程中，TiO_2 的前驱物水解后极易形成团聚的 TiO_2；③Ti 易取代 SBA-16 骨架中的 Si，进入到骨架后，无法再起光催化作用。这都限制了 TiO_2/SBA-16作为光催化剂的应用。为了克服传统方法合成中的不足，本实验基于 SBA-16 的高比

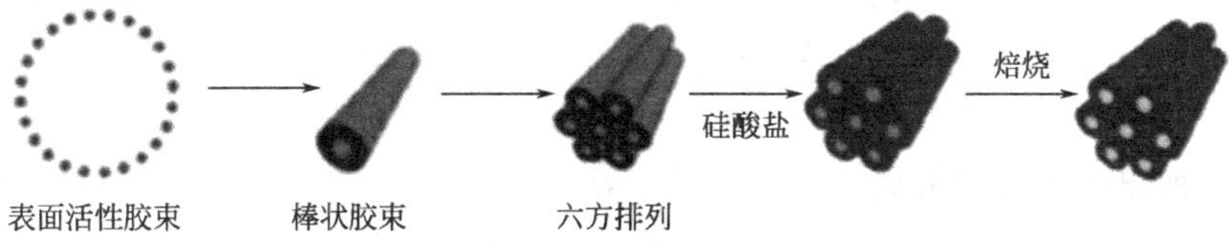

图 7-3　SBA-16 介孔分子筛的合成机理图

表面积和三维孔道结构，以三嵌段共聚物（F127）为模板剂，正硅酸乙酯（TEOS）为硅源，钛酸四丁酯（TBT）为钛源，提出了一种简单而快速合成 TiO_2/SBA-16 的方法，即孔道内水解合成法，制备工艺流程图如图 7-4 所示。根据不同负载量的样品对罗丹明 B（RhB）的降解效果，确定 TiO_2 的最佳负载量，为其工业化应用奠定基础。

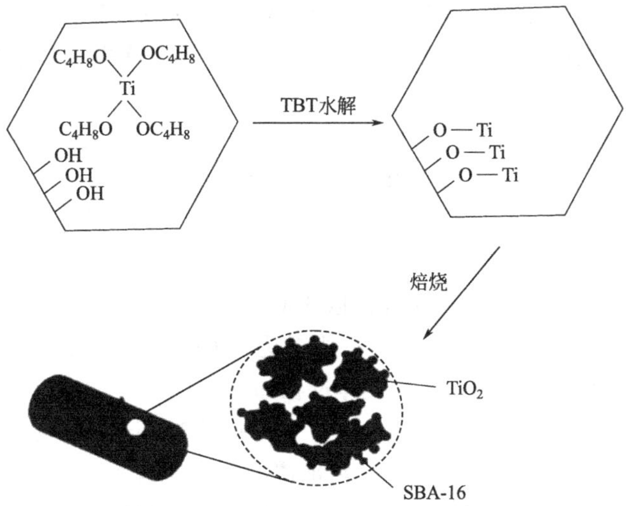

图 7-4　TiO_2/SBA-16 合成工艺流程图

【仪器试剂】

(1) 仪器

实验仪器：马弗炉，电热恒温鼓风干燥箱，抽滤装置（吸滤瓶、布氏漏斗、滤纸、循环水式真空泵），精密电子天平，磁力恒温搅拌器，离心机，光催化反应器（由学生根据光催化特性，自己组装）。

测试仪器：751 型紫外-可见分光光度计，XRD-6000 型 X 射线衍射仪，Autosorb-1 比表面和孔隙度分析仪，透射电子显微镜。

(2) 试剂

F127（$EO_{106}PO_{70}EO_{106}$，三嵌段共聚物，平均分子量 12600），正硅酸乙酯（$C_8H_{20}O_4Si$，TEOS，分析纯），钛酸四丁酯（$C_{16}H_{36}O_4Ti$，TBT，分析纯），盐酸（HCl，分析纯），乙醇（C_2H_5OH，分析纯），罗丹明 B（$C_{28}H_{31}N_2O_3Cl$，RhB，分析纯）和去离子水等。

【实验步骤】

(1) SBA-16 的制备

以三嵌段共聚物 F127 为模板剂，TEOS 为硅源，在酸性条件下合成 SBA-16。其原料摩尔比为$n(F127):n(HCl):n(H_2O):n(TEOS)=0.04:2.6:119:1$。合成方法如下：定量称取F127溶于盐酸溶液中，在40℃下搅拌使其溶解，然后逐滴加入正硅酸乙酯(TEOS)，搅拌24h后，装入带有聚四氟乙烯内衬的不锈钢反应釜中，在100℃的烘箱中静置晶化24h，取出冷却后用去离子水洗涤若干次，抽滤、烘干后得SBA-16。将该样品在空气中以2℃/min的速率升温至550℃，在此温度下焙烧6h即得最终产品。

(2) 孔道内水解法合成TiO_2/SBA-16

① 将定量的TBT溶解于乙醇溶液中（TBT与乙醇体积配比为1∶10），搅拌使TBT溶解。

② 称取0.5g的SBA-16，将其加入上述溶液中，充分搅拌使TBT分子能够吸附到SBA-16的孔道和表面上。

③ 根据加入TBT的量，搅拌中逐滴加入定量的H_2O，速率控制在2～3滴/min，反应2h，使TBT在孔道和表面上完全水解，并与SBA-16上的醇羟基形成Ti—O键。

④ 对合成的样品进行抽滤，用无水乙醇洗涤4～5次，除去未与SBA-16成键的TBT，样品洗涤后在80℃下静置24h。

⑤ 样品在50℃下焙烧3h，使TiO_2在SBA-16的孔道中和表面上形成锐钛矿型的纳米颗粒，最后得到的白色粉末即为TiO_2/SBA-16。为了方便描述，将利用孔道内水解合成的TiO_2/SBA-16记为：TiO_2/SBA-16(x)，其中x代表TiO_2的负载量。

(3) 样品的光催化活性评估

光催化反应在光催化反应器中进行，以100mL 10mg/L RhB溶液为降解对象，依据RhB脱色率的变化评价样品的光催化活性。光源为100W汞灯，光源距反应液20cm，以循环水控制溶液温度在25℃。光催化实验具体过程如下：

将50mg样品加入RhB溶液中，在无光条件下搅拌30min使之达到吸附/脱附平衡，再转移到光反应容器中，每隔30min取5mL溶液离心，取上清溶液，并用751型紫外-可见分光光度计测定RhB在553nm处的吸光度（A），利用比尔定律$A=\varepsilon bc$求得溶液浓度。通过与降解前RhB溶液的吸光度进行比较，评估样品的光催化活性。

【注意事项】

① 制备SBA-16时，保证F127完全溶解后，再缓慢滴加TEOS，且搅拌速度应保持稳定。

② 对所合成的TiO_2/SBA-16进行抽滤，应用无水乙醇洗涤4～5次。

③ 开始光催化实验时，一定要先开冷凝水，再打开汞灯，以避免汞灯温度过高，使得冷凝管炸裂。

④ 光催化实验时，一定要使溶液吸附达到平衡。

⑤ 在使用分光光度计时，要保证离心后的溶液澄清透明，不能够存在严重散射光的颗粒。

⑥ 每一段时间得到的样品要尽快进行浓度的测定，如若不能按时测定，应进行避光保存，并贴上标签。

【实验数据处理】

① 分析SBA-16和TiO_2/SBA-16的XRD谱图（小角XRD，广角XRD）。

② 根据实验结果，确定SBA-16和TiO_2/SBA-16的结构参数（a_0为比表面积，V_{tot}为平均孔径）。

③ 绘制不同负载量 TiO_2/SBA-16 的光降解曲线。

【思考题】

① 结合 SBA-16 的实验，尝试阐述介孔分子筛合成机理（选择一种机理）。

② 查阅相关文献，说明不同的模板剂对介孔分子筛形貌调控的影响。

③ 在合成 SBA-16 的过程中，HCl 的加入量和反应温度是严格控制的，阐述 pH 和温度在合成中的作用。

④ 试说明在合成 TiO_2/SBA-16 时，最应该注意的事项有哪些？

⑤ TiO_2 与 SBA-16 是如何结合在一起的？

⑥ 半导体材料在溶液中进行的光催化均属于多相光催化，反应物分子在其表面的吸附满足 Langmuir-Hinshelwood 吸附条件，在光催化反应过程中反应物浓度很低且在催化剂表面吸附较弱。因此该过程呈现一级反应动力学特征，即满足方程：

$$kt=\ln(c_0/c)$$

式中，c_0、c、k 分别代表 RhB 起始浓度、经过时间 t 照射后 RhB 的浓度、一级反应速率常数。利用实验所得光催化降解曲线，试计算不同负载量 TiO_2/SBA-16 的 k 值。

⑦ 列举出 TiO_2 的各种晶型结构，并分析哪种晶型结构的光催化活性最好。

⑧ 查阅相关文献，试分析 TiO_2/SBA-16 的光催化机理。

7.11 裂叶荁荬菜（或槐米）中提取芦丁

【实验目的】

① 建立从天然产物中提取化学成分的研究思路。

② 掌握通过文献综述和已有知识设计研究方案的方法。

③ 根据所设计方案进行提取、分离纯化黄酮化合物——芦丁。

④ 利用紫外光谱、红外光谱、核磁共振谱等手段表征化合物结构。

本实验属于天然产物化学、有机化学、无机化学、波谱学等多学科交叉综合实验，与生活贴近、实用性强，能增加同学们的化学实验兴趣，提高创新性实验的能力。实验操作简便、切实可行，以水为溶剂提取与重结晶，整个实验绿色环保，没有废物产生。

【实验原理】

芦丁能降低毛细血管的通透性和脆性，保持和恢复血管的正常弹性。用于高血压的辅助治疗，防治脑出血、视网膜出血、急性出血性肾炎等。治疗慢性气管炎有效率84.8%～98%。芦丁的衍生物三羟乙酰芸香苷，即微脑路通，临床用于治疗烧伤、关节炎和各种血管疾病，有效率87.8%，治疗水肿和出血有效率88%。

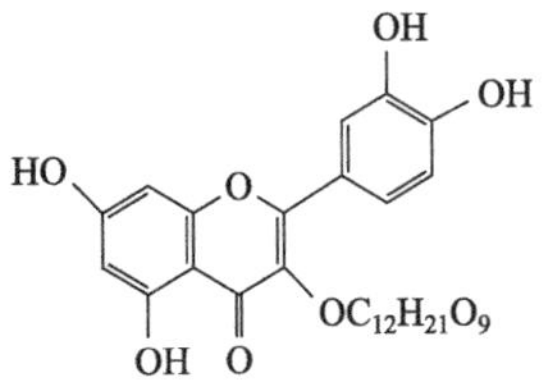

图 7-5 芦丁的化学结构

芦丁，浅黄色针状结晶（水中），熔点176～178℃，旋光性 $[\alpha]_D^{23}+13.87°$（乙醇）、$[\alpha]_D^{23}-39.43°$（吡啶）。1g芦丁可溶于7mL甲醇、8000mL冷水、200mL沸水。所以很适合用水重结晶。其化学结构示于图7-5。

芦丁存在于裂叶荁荬菜、槐米、大枣、芸香叶、橙皮、番茄、杏、荞麦花等植物中，属于黄酮化合物，芦丁的分子中含有很多羟基，酸性较大，水溶性较强。所以设计用碱性水溶液提取、用无机酸酸化游离，然后萃取，用水或乙醇重结晶即可得到纯净的芦丁。

【仪器试剂】

（1）仪器

圆底烧瓶，球形冷凝器，电加热套，烧杯，循环水泵，干燥箱，抽滤瓶，核磁共振仪，红外分光光度计，紫外分光光度计等。

（2）试剂

裂叶荁荬菜或槐米（学生自己采集），石灰乳（学生自制），盐酸等。

【实验步骤】

干燥裂叶荁荬菜40g加约6倍量水，煮沸，在搅拌下缓缓加入石灰乳至pH=8～9，在此pH条件下微沸回流20～30min，趁热抽滤，残渣同上再加4倍水，石灰乳调至pH=8～9再微沸回流20min，趁热抽滤。合并滤液，在60～70℃下用浓盐酸调至pH为5，搅匀，静置24h，抽滤。沉淀物水洗至中性，60℃干燥得芦丁粗品，于水中重结晶，70～80℃干燥得芦丁纯品。测定紫外光谱、红外光谱、核磁共振图谱，并进行各种图谱的解析。

【注意事项】

重点：饱和石灰乳的制备；微沸提取；浓盐酸调pH；重结晶；紫外光谱、红外光谱、核磁共振图谱测试。

难点：紫外光谱、红外光谱、核磁共振图谱解析。

实验安全：小心安装回流装置与操作，带温度合并滤液时小心烫伤。

【实验数据处理】

(1) 紫外光谱及特征分析

在三氯化铝的甲醇溶液中与在加盐酸的三氯化铝的甲醇溶液中测定相比，其紫外吸收不相同，紫外吸收带Ⅰ紫移 30～40nm，证明 B 环有邻二酚羟基。

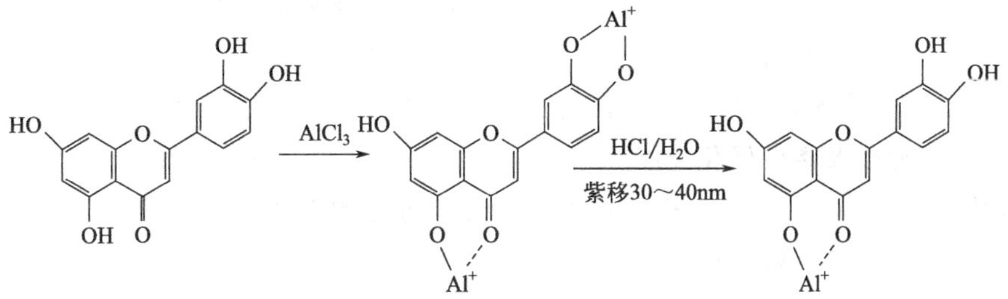

(2) 红外光谱测试及解析

① 学生自己准备样品，自己利用 IR408 仪器测定红外光谱。

② 学生应学会解析红外光谱图。

在红外光谱上观察羰基吸收峰、羟基吸收峰、芳环的骨架振动吸收峰、芳环的取代吸收峰以及糖环的吸收峰等。芦丁具有丰富的红外吸收特征峰。

(3) 核磁共振氢谱及特征分析

① 掌握核磁共振谱送样要求，提供样品信息及样品的核磁共振氢谱的吸收区域。

② 解析核磁共振氢谱。

③ 解析滴加重水后的氢谱。

【分析讨论】

(1) 提前准备

① 教师把握采集季节，组织学生采集裂叶苣荬菜或槐米。

② 学生自己准备饱和石灰乳（可在施工工地找）。

(2) 实验报告

① 总结归纳本实验的方法过程及结果。

② 总结本实验中得到的对植物有效成分研究的启发。

③ 体验绿色化学的实践。

④ 给出综合解析图谱的方法与体会。

⑤ 选择一种你所熟悉的植物，自查文献并设计某种化学成分的提取、分离、结构鉴定方法。

【思考题】

① 你熟悉哪些天然产物？它们含有哪些化学成分？

② 你能自行设计一种天然产物化学成分的提取方案吗？

③ 为什么芦丁在三氯化铝的甲醇溶液中的紫外吸收红移，在三氯化铝的甲醇溶液中加盐酸紫移？

④ 测定芦丁的核磁共振氢谱时，是否需要滴加重水测定？为什么？

⑤ 还可以利用哪些波谱分析能证明你分离得到的化合物结构？

7.12 奶制品及饮料中防腐剂山梨酸和苯甲酸的HPLC测定

【实验目的】

① 通过查阅相关文献，了解高效液相色谱法（HPLC）在食品防腐剂分析中的应用，结合相关理论知识和样品情况分析，设计未知样品中两种防腐剂苯甲酸和山梨酸的HPLC定量测定方法（包括样品前处理方法），以培养学生的创新思维能力。

② 通过方法的具体实施和分析条件优化过程，培养学生的实验操作技能，包括样品前处理技能和仪器操作及条件优化技能。

③ 通过本实验，熟悉取样、样品预处理、分析方法的选择和分析过程的实施、分析结果的计算及统计处理等一般分析方法的全流程。

【实验原理】

在食品中合法添加防腐剂，可以防止食品腐败变质，延长其保质期。目前常用的防腐剂有苯甲酸及其钠盐、山梨酸及其钾盐等，防腐剂可抑制食品中微生物的繁殖或灭杀之，但过量摄入防腐剂对人体是有害的，因此，食品中防腐剂的添加量需要严格遵守相关法律法规。食品通常是复杂的混合物，其中防腐剂的测定多采用色谱法，本实验用HPLC测定奶制品及饮料中山梨酸和苯甲酸的含量。

分析方法的实施通常要经过以下几个步骤：取样、样品预处理、分析方法的选择和分析过程的实施、分析结果的计算及统计处理。对于复杂样品，其预处理过程关系到分析结果的准确性，奶制品中含有大量的蛋白质，这些蛋白的存在会严重干扰HPLC测定，如何除去这些干扰物质，同时又避免被测防腐剂的损失是本实验成败的关键点之一。由于防腐剂苯甲酸或山梨酸均为弱酸性物质，故可选择反相键合相色谱法进行分离分析。在HPLC中，流动相的类型和配比是影响分离最重要的色谱条件，本实验要求对该条件进行筛选和优化，以达到良好的色谱峰形和分离度。本实验的主要内容是设计未知样品中两种防腐剂苯甲酸和山梨酸的HPLC定量测定方法，通过对分析方法的实施和分析条件的优化，实现一种奶制品和一种饮料中防腐剂种类及含量的测定。

【仪器试剂】

（1）仪器

高效液相色谱仪（配置紫外检测器），C_{18}键合相色谱柱，超声波清洗器，分析天平，恒温水浴锅，玻璃器皿等。

（2）试剂

苯甲酸（AR），山梨酸（AR），甲醇（HPLC级），磷酸氢二钠（AR），磷酸二氢钠（AR），纯净水，其他试剂均为分析纯。

【实验步骤】

在研读文献的基础上，先提出若干实验方案和步骤，与教师讨论后再确定、实施，实验步骤按以下内容设计。

（1）奶制品和饮料样品前处理方法与步骤：

① 奶制品的前处理方法；

② 饮料的前处理方法。

（2）标准溶液的配制。

（3）色谱定量测定方法与步骤：

① 流动相的配制；

② 高效液相色谱仪的仪器运行；

③ 色谱条件的优化；

④ 标准样品的测定；

⑤ 样品分析；

⑥ 关机。

（4）数据记录与处理。

【注意事项】

① 流动相和样品溶液均需用微孔滤膜过滤。

② 用含盐流动相平衡系统之前，需要用含水量较高的水-甲醇溶剂平衡系统。

③ 实验结束后，在用甲醇冲洗色谱柱之前，需要用含水量较高的水-甲醇溶剂冲洗系统。

④ 所有含甲醇的废液都需倒入废液瓶中进行统一处理。

【实验数据处理】

① 记录实验条件和相关参数：

仪器，色谱柱，流动相，流速，柱前压力，柱温，进样量，检测波长等。

② 实验数据列于表 7-12 中。

表 7-12　防腐剂苯甲酸及山梨酸的峰面积与保留时间的测量值

项目		标 1	标 2	标 3	标 4	标 5	奶制品	饮料
山梨酸	保留时间/min							
	峰面积/mAu·s							
	浓度/(mg/L)							
苯甲酸	保留时间/min							
	峰面积/mAu·s							
	浓度/(mg/L)							

③ 绘制标准曲线并给出线性方程。

④ 计算奶制品及饮料中防腐剂的含量。

⑤ 结果要求：用 Excel 或 Origin 绘图软件绘制苯甲酸和山梨酸的标准曲线，且标准曲线的相关系数不得低于 0.995。

【分析讨论】

① 样品前处理步骤中每一步的作用是什么？

② 当色谱峰峰形出现异常，或被测组分与干扰组分分离不符合要求时，应该怎么做？

③ 当样品是不均匀的固体样品时，如何取样？如何高效提取被测组分并消除干扰？

【思考题】

① 除高效液相色谱法外，还可以用哪些方法测定食品中防腐剂的含量？

② 可以采用何种方法评价样品预处理方法的好坏？

③ 对于弱酸或弱碱性样品，流动相中应添加哪些物质？为什么？

④ 高效液相色谱法中，有哪些方法能改善色谱分离度？

⑤ 色谱定量分析方法有哪几种？你选择该方法的原因是什么？

7.13　废弃药渣中残留泰乐菌素降解菌的筛选

【实验目的】

① 提高利用所学知识解决实际生产问题的能力，加强在废物治理方面的技能训练。

② 认识到环境保护与资源循环利用的重要性，加强对环境保护方面的认识。

③ 提高综合利用化学与生物学方面知识的能力，提高思维和综合创新能力。

【实验原理】

泰乐菌素是畜禽专用大环内酯类抗生素，目前已被广泛用于养殖业中。泰乐菌素药渣是泰乐菌素生产过程中发酵醪液进行固液分离时形成的菌饼部分，其主要成分是微生物菌丝体、未代谢完的有机物、无机盐和未提取完的抗生素等，其中粗蛋白含量达30%以上。传统上，抗生素生产厂家均将药渣经简单晒晾或机械干燥后，用作蛋白饲料或饲料添加剂。若动物长期食入残留有抗生素的药渣，会产生耐药菌、动物产品药物残留等一系列不良后果。未处理的抗生素药渣若用作肥料，就意味着残留抗生素直接排入土壤，那必然会对土壤微生物平衡造成一定的破坏。因此，若不从根源上消除药渣中残留的抗生素，药渣不论以何种方式再利用，都有可能将其中残留的抗生素带入土壤、水域等自然环境中，进而污染地下水、地表水和人们的生活用水。近年来，关于生活用水中检测到抗生素的报道越来越多。虽然土壤对部分抗生素有一定的自然降解能力，但是当局部环境中抗生素的排入量超过土壤的自然降解能力时，就会造成环境中抗生素的蓄积，导致耐药菌泛滥，进而影响人类健康和生态环境。因此，抗生素药渣作为再生饲料或肥料资源使用之前，必须消除其中残留的抗生素。本实验筛选可降解药渣残留泰乐菌素的菌株，旨在训练学生对废物的处理能力和综合创新能力。

【仪器试剂】

(1) 仪器

电子天平，振荡培养箱，压力蒸汽灭菌器，生物显微镜，生化培养箱，高速冷冻离心机，无菌洁净工作台，紫外-可见分光光度计，移液器，培养皿。

(2) 试剂

泰乐菌素标准品，泰乐菌素药渣，泰乐菌素渣场土壤，氯化钠（分析纯），磷酸二氢钠（分析纯），磷酸一氢钠（分析纯），氢氧化钠（分析纯），盐酸，蛋白胨，琼脂，葡萄糖，酵母浸膏。

【实验步骤】

(1) 降解菌的筛选

① 动物土壤泰乐菌素降解菌的提取。取10g泰乐菌素渣场土样，加入90mL pH=7.0的磷酸盐缓冲溶液，并加入一定量的玻璃珠，在摇床上充分打散土样后，取土壤浸出液备用。

② 土壤泰乐菌素降解菌的筛选。土壤悬液中加入泰乐菌素药渣及微生物生长所需的其他营养物质，进行培养。筛选分为四个周期（筛选周期由学生自行设计），以5%的接种量（通过测定菌液光密度值，用磷酸盐缓冲溶液将菌液浓度调至5.0×10^{6}CFU/mL，下同）接入筛选菌液，30℃ 120r/min振荡培养72h，通过逐步提高药渣的比例并减少其他营养物质的含量，筛选出能够在含有高浓度泰乐菌素的环境中生长的菌株。在筛选的同时，取部分培

养基样品，检测其中泰乐菌素的残留量。

③ 泰乐菌素降解菌的驯化。选取降解效果较好的复合菌，进行驯化培养。驯化分为两个阶段：第一阶段培养基中除药渣外仍添加一定量的其他营养物质，驯化三个周期，随周期数增加，其他营养物质含量逐渐减少；第二阶段只用药渣配制培养基，驯化三个周期。a. 复合菌第一阶段驯化，培养基组成为泰乐菌素药渣 20g、蛋白胨 0.5g、蒸馏水 80mL、pH＝5.0～5.5。以 5％的接种量（菌液浓度 5.0×10^6 CFU/mL）接入已活化的复合菌，30℃、120r/min 振荡，培养 72h，每步操作重复 2 次。b. 复合菌第二阶段驯化，培养基组成为泰乐菌素药渣 30g、蒸馏水 70mL、pH＝5.0～5.5。以 5％的接种量（菌液浓度 5.0×10^6 CFU/mL）接入已活化的复合菌，30℃、120r/min 振荡，培养 72h，每步操作重复 3 次。

(2) 复合降解菌对药渣中残留泰乐茵素的降解效果

① 发酵时间对降解菌降解药渣中残留泰乐菌素效果的影响。将驯化后的复合菌进行活化培养，然后以 10％接种量（菌液浓度 5.0×10^6 CFU/mL）接种于药渣培养基中（泰乐菌素药渣 300g，水 700mL），30℃发酵培养 0h、36h、48h、60h、72h、96h、120h 后，分别检测培养基中泰乐菌素的残留量。

② 接种量对药渣中残留泰乐菌素降解效果的影响。将驯化后的复合菌进行活化培养，分别以 0％、1％、2.5％、5％、10％接种量（菌液浓度 5.0×10^6 CFU/mL）接种于药渣培养基中，30℃发酵培养 120h 后，测定培养基中泰乐菌素的残留量。

③ 复合菌的分离化。将驯化培养的复合菌用磷酸盐缓冲液梯度稀释至 10^{-1}、10^{-2}、10^{-3}、…、10^{-8}浓度，取 0.1mL 菌液均匀涂布于泰乐菌素药渣固体培养基上（泰乐菌素药渣 30g，琼脂 1.2g，蒸馏水 70mL），在 30℃培养箱中培养 48～96h，长出的菌落再次进行富集、稀释、涂布、划线分离纯化 1～2 次，根据菌落生长快慢、大小、形状、颜色等进行分离，并保藏单个菌株。

④ 单一菌株对药渣中残留泰乐菌素的降解效果。将分离纯化得到的 4 株单一菌株进行富集培养，然后分别以 10％的接种量（菌液浓度 5.0×10^6 CFU/mL）接入药渣培养基中，30℃发酵培养 5d、8d，并测定发酵前后药渣中泰乐菌素的残留量，选择出降解效果比较好的菌株。

⑤ 样品中残留泰乐菌素含量的测定。样品中残留泰乐菌素含量的测定采用微生物药敏法，具体检测方法由学生自己查询相关资料。

【注意事项】

① 进入无菌室后，用 75％酒精擦拭双手，再用 0.2％新洁尔灭水溶液浸泡过的丝光毛巾擦拭超净工作台面。

② 实验结束后，废弃物需经湿热灭菌处理后，再集中处理。

【实验数据处理】

每个实验需做三个重复，实验结果以“三次重复数据的平均值±标准差”形式表示。

【分析讨论】

① 降解菌形态和降解效果。

② 不同处理时间、不同接种量下，降解菌降解泰乐菌素的效果。

③ 单一菌株与复合菌株对泰乐菌素降解效果的比较。

【思考题】

① 为何要从长期堆放泰乐菌素药渣土壤中筛选降解泰乐菌素的菌株，其他地方的土壤

可否使用？

② 在菌株筛选过程中，为何要逐步提高药渣的比例并减少其他营养物质的含量？

③ 为何复合菌株对泰乐菌素的降解效果要优于单一菌株的降解效果？

④ 在进入无菌室后，为何要用 75%酒精擦拭双手，然后再用 0.2%新洁尔灭水溶液浸泡过的丝光毛巾擦拭超净工作台面？

⑤ 实验结束后，废弃物需经湿热灭菌处理后再集中处理，为什么？

参 考 文 献

[1] 姚跃良．化学工程与工艺专业实验．北京：化学工业出版社，2019.
[2] 王培义，张春霞，尹志刚．化学工程与工艺专业实验．北京：化学工业出版社，2019.
[3] 左健．化学化工创新性实验．南京：南京大学出版社，2010.
[4] 乐清华，徐菊美．化学工程与工艺专业实验．3版．北京：化学工业出版社，2017.
[5] 屈凌波，任保增．化工实验与实践．北京：化学工业出版社，2018.
[6] 朱育红，周健，叶肇敏，等．高校化工实验室安全与环保管理措施．实验技术与管理，2009，26（6）：6-8.
[7] 修景海，张艳．通过专业认证促进化工实验室安全文化建设．实验科学，2017，20（2）：212-215.
[8] 费业泰．误差理论与数据处理．北京：机械工业出版社，2010.
[9] 曹贵平，朱中南，戴迎春．化学工程实验技术与方法．杭州：浙江工业出版社，2012.
[10] 许文，张毅民．化工安全工程概论．北京：化学工业出版社，2011.